Uma Resposta
ao Neoliberalismo

Hilary Wainwright

Uma Resposta ao Neoliberalismo

ARGUMENTOS PARA UMA NOVA ESQUERDA

Tradução:
ANGELA MELIM

Prefácio:
MARCO AURÉLIO GARCIA
Professor do Departamento de História da Universidade Estadual de Campinas — Unicamp

Jorge Zahar Editor
Rio de Janeiro

Tradução autorizada da versão resumida pela autora
da primeira reimpressão de *Arguments for a New Left*,
publicado em 1994 por Blackwell Publishers,
de Londres, Inglaterra

Jorge Zahar Editor Ltda.
rua México 31 sobreloja
20031-144 Rio de Janeiro, RJ
tel: (021) 240-0226/fax: (021) 262-5123

Capa: Carol Sá

CIP-Brasil. Catalogação-na-fonte
Sindicato Nacional dos Editores de Livros, RJ.

Wainwright, Hilary

W152r Uma resposta ao neoliberalismo: argumentos para uma nova esquerda / Hilary Wainwright; tradução, Angela Melim; prefácio, Marco Aurélio Garcia. — Rio de Janeiro: Jorge Zahar Ed., 1998

Tradução de: Arguments for a new left: (answering the free market right)
Inclui bibliografia
ISBN 85-7110-445-X

1. Liberalismo. 2. Direita e esquerda (Ciência política). 3. Ideologia. I. Título.

98-0394 CDD 320.51
CDU 329.12

Sumário

Prefácio

Marco Aurélio Garcia*

Três décadas após os acontecimentos que sacudiram o mundo em 1968 e vinte anos depois do início do ciclo de lutas operárias no Brasil, em 78, a publicação do livro de Hilary Wainwright constitui-se em uma valiosa contribuição para aqueles que querem ir mais além da mera celebração dessas datas e buscam realizar uma reflexão sobre o presente e o futuro das esquerdas.

Os acontecimentos de 1968, de dimensão internacional, tiveram sua especificidade na história política brasileira. Foi nesse ano que os militares deram "o golpe no golpe" que consolidou por muito tempo o regime ditatorial. Mas 68 é também uma data emblemática para as esquerdas brasileiras, pois consagrou uma profunda ruptura e mutação no seu interior.

A despeito da assincronia (e da diferente problemática) entre o 68 brasileiro, o "maio francês", as lutas nos *campi* norte-americanos ou as mobilizações dos jovens na Alemanha e Itália, é evidente que existem pontos comuns entre o ocorrido no Brasil e no resto do mundo naquele período. Um deles foi o surgimento de uma nova esquerda, que assumia uma cara nitidamente anti-capitalista, mas, ao mesmo tempo, mostrava-se crítica a muitos aspectos do socialismo, sobretudo ao paradigma soviético.

Muito se tem escrito sobre o significado de 1968 para a história contemporânea, especialmente para o entendimento da trajetória da esquerda. Seja qual for o balanço, é inegável que aqueles acontecimentos deixaram marcas profundas nas esquerdas que emergiram nas últimas décadas.

É claro que a situação internacional modificou-se radicalmente depois de 1968.

Em 68 o capitalismo parecia enfraquecido. Sua principal potência — os Estados Unidos — afundava política e militarmente no Vietnam, ao passo que a URSS e o "campo socialista" exibiam vitalidade, independentemente das contradições que corroíam por dentro essas experiências

---

* Professor do Departamento de História da Unicamp, membro da Comissão Executiva Nacional e secretário de Relações Internacionais do Partido dos Trabalhadores.

socialistas. Trinta anos depois, a União Soviética e o "campo socialista" desapareceram, Cuba está isolada e enfrentando graves dificuldades, enquanto a China celebra suas reformas liberais. O capitalismo oferece uma imagem triunfante. O neoliberalismo hegemônico, sintomaticamente, é denunciado como "pensamento único" e os Estados Unidos atingem um poderio econômico, político e militar que nenhum país havia alcançado na história da humanidade.

Mas o caráter excludente da aventura neoliberal ensejou o surgimento de movimentos sociais, muitos dos quais retomaram os temas políticos e culturais que haviam emergido em 68. A autora se debruça sobre essa herança ideológica e procura apontar seus alcances e limites, mostrando com isso quais as dificuldades que as esquerdas enfrentam em um período de defensiva.

Houve momentos em que as esquerdas possuíam idéias mas não tinham base social. Hoje, em muitos casos, elas têm bases sociais mas não possuem idéias para enfrentar o capitalismo triunfante do fim de século. Hilary Wainwright discute as condições de gestação de um novo pensamento de esquerda, que deve fazer face aos desafios colocados pela hegemonia do pensamento conservador. A autora explora sobretudo as articulações e tensões entre conhecimento e experiência na formação de uma alternativa para as esquerdas. Por essa razão seu livro combina uma discussão sobre as idéias políticas neste fim de século com uma avaliação das trajetórias concretas de movimentos sociais e partidos.

Caberá ao leitor, revisitando o Brasil a partir de 78, escrever seu próprio capítulo final dessa obra. Trata-se não só de entender o fenômeno do *neoliberalismo tardio* que aqui presenciamos a partir dos 90, como de vislumbrar saídas para uma esquerda que soube resistir nas últimas décadas mas não teve a mesma capacidade de oferecer uma alternativa global de mudança.

São Paulo, março de 1998

Introdução à edição brasileira

O neoliberalismo tem muitos disfarces. Na Grã-Bretanha, por exemplo, é provável que depois de ter sido introduzido por Margaret Thatcher com o fanatismo de uma religião secular, continue com Tony Blair, sob a capa de uma *bricolage* da linguagem ética dos valores do socialismo cristão com o jargão ríspido da "modernização" e da "globalização". No Brasil, ao que parece, o neoliberalismo, que inicialmente cortejou a *intelligentsia* brasileira sob o frágil disfarce de social-democracia européia, ganha legitimidade através de Fernando Henrique Cardoso e sua promessa de ingresso no mundo moderno.

Uma estranha neutralidade ideológica permite ao neoliberalismo encaixar-se nesses diferentes disfarces. O grupo de políticas que o caracterizam — desregulamentação, privatização, macroeconomia monetarista, legislação anti-sindicalista — agora se justifica como o imperativo da modernização. Thatcher foi incomum em sua cruzada ideológica, mas foi, de fato, a primeira liderança política que colocou em prática o neoliberalismo em todos os *fronts*, como um programa de reformas internamente coerente. A modernização é definida pelos políticos como uma resposta às exigências da "globalização", ela própria tratada como inevitável, quase como um equivalente econômico a um resultado das leis da natureza. Presume-se que não há alternativas. Também se presume que as pressões globais, que exigem o que é visto como modernização, são de certo modo involuntárias, como se dissociadas do propósito e poder humanos. Talvez porque não haja debate aberto, democrático, a respeito de temas econômicos em nível internacional ou, colocando as coisas cruamente, porque o governo consciente e a tomada de decisões corporativa que, de fato, levam à desregulamentação global, ocorram em segredo, e que a "globalização do mercado" — o resultado dessa tomada de decisões oculta — aparece como uma força que escapa ao controle humano.

A aparente neutralidade do neoliberalismo repousa, porém, em alicerces construídos a partir de uma demolição apaixonada do socialismo. Uma demolição do socialismo em geral, mas firmemente arraigada naqueles que governaram em seu nome, como se não houvesse tradições socialistas sérias oferecendo visões alternativas à intolerância e ineficiência social do "socialismo real existente". A base intelectual do neoliberalismo fomentada no curso desse trabalho de demolição fornece uma justificativa ideológica do mercado como uma preciosa forma de ordem social. Nascida sem interferência humana, esta ordem, argumentam os neoliberais, é o resultado de milhões de decisões individuais milagrosamente coordenadas através do acionamento do mecanismo dos preços. Não só essa ordem é alcançada sem intervenção consciente, como seu equilíbrio é tão delicado — diz a lógica neoliberal — que seria destruído por tal intervenção, por mais bem-intencionado que seja o propósito. Os agentes potenciais de tal intervenção podem ser os grupos de interesse tais como os sindicatos, ou um autoritário Estado de engenharia social; corporações privadas dominantes que usam do poder desigual de mercado para captar mais poder de mercado e escapar da fiscalização.

O teórico e ideólogo que deixar suas marcas nesses fundamentos é Frederick Von Hayek, renomado economista e teórico social austríaco, cujos ensaios sobre os usos econômicos do conhecimento lançaram as bases para uma crítica, não tanto do socialismo, mas da intervenção do Estado na economia. Assim, para ele, a administração econômica keynesiana, longe de ser um meio de salvar o capitalismo, como muitos de seus defensores afirmariam, era apenas o primeiro passo de uma realização socialista. Além de tudo, o socialismo era, para Hayek e os líderes políticos que o seguiam, principalmente uma forma de se conseguir e exercer o controle da economia através do Estado. Tradições socialistas vivas que vislumbravam um papel mais limitado e específico para o Estado, fornecendo as condições para uma economia de associações autogerenciadas, foram congeladas e expulsas do cenário pela Guerra Fria que varreu o Ocidente logo depois que Hayek escreveu sua diatribe mais notória, *The Road to Serfdom* (A estrada para a servidão).

E daí? Por que deveria Hayek ser mais que um capítulo na história das idéias? Seu legado intelectual de alguma maneira desempenha um papel na influência política do neoliberalismo, seja qual for o seu disfarce? E se desempenha, que elementos específicos desse legado precisam ser abordados para se advogar uma economia mais democrática, mais consciente socialmente? Por exemplo, como e em que medida seus argumentos protegeram moral e intelectualmente os defensores do mercado capitalista?

A questão da importância da base intelectual do neoliberalismo deve também ser colocada do ponto de vista da atual fraqueza da esquerda: as atuais confusões por que passa a esquerda indicam antigas lacunas ou falhas em nossos fundamentos filosóficos e/ou — as duas alternativas poderiam estar relacionadas — são um produto das circunstâncias econômicas e políticas modificadas para as quais a esquerda não está preparada?

O argumento deste livro é o de que os fundamentos de Hayek para uma justificativa do mercado continuam a fornecer o capital filosófico do qual se nutrem os políticos neoliberais de todos os matizes, conscientemente ou não. De fato, o fracasso das economias centralmente planejadas do bloco soviético renovou o valor desse capital filosófico. A primazia do indivíduo atomizado, essencialmente associal, na justificativa de Hayek do mercado privado, seja como empresário ou como consumidor, imbui o "livre mercado" de uma qualidade sagrada, alçando-o da esfera da instituição social, historicamente sob muitas e diferentes formas, para a esfera da moralidade na qual os políticos interferem, a seu risco. O ignominioso colapso das economias dominadas pelo Estado, ou mesmo o governo social-democrata caricaturado como propagador do controle de Estado, provavelmente produziu essa estranha metamorfose do mercado em sagrado e ideal. Estranha porque através dela os floreios retóricos enunciados pela ala fanática do clube político neoliberal — "o indivíduo sabe o que é melhor para si/ o homem ou mulher de negócios individual sabe o que é melhor para o negócio", "não existe essa história de sociedade, só existe o indivíduo (e a família)" — e os ataques ao "Estado paternalista" tornaram-se todos o "senso comum" de uma época em que as instituições do mercado global iam sendo estabelecidas pelo *lobby* de propósitos, arranjos e negociações, acertos e quebras de inúmeras instituições, algumas privadas, outras governamentais, muitas na obscura faixa intermediária.

Variaram as reações da esquerda e centro-esquerda ao poderio ideológico do neoliberalismo e à consolidação paralela de um mercado global. Os líderes políticos do centro social-democrata, onde a social-democracia é fraca — ou nunca se estabeleceu, como no Brasil, ou foi brutalmente erradicada, como na Grã-Bretanha —, foram levados para a direita numa corrida cega aos cargos, de modo que Tony Blair, na Grã-Bretanha, e Fernando Henrique, no Brasil, adaptaram-se quase que acriticamente ao consenso neoliberal, cada um conferindo a ele seu toque distintivo. Blair acrescentou um elemento autoritário social à mistura. Cardoso lhe dá um impulso tecnocrático, promovendo suas políticas como imperativos de um mercado global que somente ele e seus conselheiros são capazes de compreender. Já em países como a Alemanha e a Suécia, onde o neoliberalismo foi moderado por instituições sociais fortemente entrincheiradas que estruturaram mercados para o trabalho e o capital, os líderes social-democratas mantiveram importantes bandeiras de suas plataformas sociais e intervencionistas.

Minha própria experiência pessoal com o neoliberalismo, que me levou a investigar seus fundamentos filosóficos, deu-se entre os jovens dissidentes na Europa central. Conhecer as idéias do livre mercado foi uma experiência das mais preocupantes para uma militante da nova esquerda ocidental. O que me levou a perguntar até que ponto a nova esquerda, em sua teoria e prática, tinha as ferramentas para responder ao apelo moral e político do "livre mercado". Ficou claro, a partir das minhas conversas em Praga, Bratislava e Budapeste, que as mensagens da nova — pós 56, pós 68, influenciada pelo movimento social — esquerda ocidental não tinham ultrapassado a Cortina de Ferro, ou somente o foram para uma pequena minoria intelectual. Teria sido um simples problema de comunicação, linguagem ou de divisão na Guerra Fria, ou um sinal de que as mensagens eram de certa forma truncadas em seu conteúdo? Diante do desafio dos conceitos fundamentais do neoliberalismo, poderia a nova esquerda desenvolver pontos de vista que a velha esquerda não tivera?

Para ilustrar o tipo de desafio pessoal que me levou a comparar minhas próprias pretensões de membro da nova esquerda com o individualismo de Hayek, vou dar o exemplo de uma amiga recente que conheci em Praga, capital da República Tcheca. Mísa Neubauerova tinha 24 anos quando a conheci e era secretária e tradutora da Assembléia dos Cidadãos de Helsinque, fórum sediado em Praga para a cooperação Leste-Oeste entre os movimentos sociais democráticos. Certo dia ela me explicou o que "1968" significara para ela. Tinha um ano de idade quando os tanques soviéticos rodaram implacavelmente pelas ruas de sua cidade, mas a primavera de 1968 acompanha-a desde então: "O ano de 1968 ficou com minha família por toda a minha vida." O pai, que trabalhava na indústria, achava, na época, que "o Partido Comunista ia realmente mudar as coisas". Pela primeira vez na vida, pensou seriamente em ingressar em suas fileiras. Mas depois do Inverno de Praga (em agosto), "ele envelheceu muito rapidamente; sentiu-se traído", — relembra Mísa. "Largou a política e se dedicou a cuidar do nosso jardim." Também aprendeu inglês e ouvia incessantemente a Voz da América e a Rádio Europa Livre. Através desses canais, Mísa e o pai vieram a associar a liberdade a Margaret Thatcher e Ronald Reagan. Os nomes de Edward Thompson, historiador radical, ou Petra Kelly, liderança do movimento verde na Alemanha, por exemplo, nada significavam.

Essas experiências moldaram a compreensão de Mísa da palavra "socialismo" e as palavras a ela associadas. "É uma palavra realmente horrível", ela diz, emocionada. "Para as pessoas comuns, foi completamente destruída." Perguntei-lhe o que sentia em relação ao socialismo dos socialistas ocidentais, com os quais trabalha na Assembléia dos Cidadãos: "Acho que vocês têm em mente algo muito diferente da nossa experiência — eu não falaria com você se não pensasse assim. E concordo com o conteúdo de parte do que você diz. Mas a palavra funciona como um bloqueio em nossa conversa." Com que parte do "conteúdo" ela sente que concorda? "Acredito na autogestão. Sou contra a arrogância e o distanciamento das empresas multinacionais e do Estado. Por essa razão gosto da idéia de movimentos cívicos. Eles realmente têm a capacidade de participar, de influenciar as decisões sociais e políticas. Não estou satisfeita por seguir o livre mercado, mas não vejo outra alternativa." Mísa coloca o desafio à nova esquerda ocidental de uma forma inusitadamente simpática. Trabalhou com muitos de seus ativistas em Praga e, por um breve período, em Londres. Agora trabalha para uma empresa tcheca de relações públicas cujos clientes são alguns dos trustes de investimento que lideram o processo de privatização.

Eu não podia subestimar os sentimentos em relação ao livre mercado de gente como Mísa como se tivessem vindo de reacionários inveterados, que defendiam interesses puramente econômicos num mercado irrestrito. E nem podia deixar de lado esses momentos dissonantes da conversa e me concentrar nas áreas de consenso: qualquer pensamento prático em relação a essas preocupações comuns inevitavelmente volta aos princípios de organização econômica e política.

Assim, o estímulo político para os argumentos deste livro nasceu das discussões ao longo do trabalho com ativistas do Leste europeu. O processo de trabalhar para responder ao desafio do Leste levou, entretanto, à investigação tanto da relevância maior da política pós-1989 como das implicações específicas de se responder à influência das idéias do livre mercado no Ocidente.

Hayek tem um argumento que, até onde sei, é irrespondível. É bastante compatível com o socialismo, desde que o Estado não tenha um monopólio do "social". Seu argumento é o de que boa parte do conhecimento econômico essencial não é como uma lei, quantificável ou pelo menos codificável, que possa ser facilmente centralizada; milhões de decisões econômicas dependem do conhecimento prático. Esse conhecimento é quase sempre tácito, "coisas que sabemos, mas não podemos dizer", nas palavras do teórico pioneiro desse conhecimento, Michael Polanyi; é muitas vezes efêmero e evolutivo. Não pode ser captado ou previsto por um cérebro central, por mais computadorizado que esse centro possa ser.

Essa premissa brilhante, contudo, não conduz logicamente à necessidade do livre mercado como único mecanismo capaz de fazer uso da riqueza desse conhecimento prático. Como mostro no Capítulo 2, Hayek omite essa conclusão porque pressupõe que o conhecimento prático é, quase que por definição, individual. Sequer leva em consideração a possibilidade de tal conhecimento prático ser compartilhado — o que não é o mesmo que centralizado ou completamente codificado — de certas maneiras. Uma vez que tal possibilidade se abre, uma vez que se admite que o conhecimento prático poderia ser social, embora diferente de outras formas, digamos, estatísticas de conhecimento, então existe a possibilidade de que as organizações sociais, através das quais se dá tal compartilhamento, influenciem o caráter do mercado, estruturando-o e regulamentando-o, inclusive mantendo alguma relação com o Estado.

Utilizo conclusões recentes da filosofia da ciência para mostrar a importância do conhecimento prático, uma forma central de conhecimento com tendência, na ortodoxia positivista da maior parte deste século, a fazer parte do "empírico" e agrupar-se sob a forma de leis gerais. O livro explora as implicações políticas de se reconhecer o papel distinto e criativo do conhecimento prático e sua interação com a interpretação teórica, ambos compreendidos como de caráter social e socializáveis. Todos os políticos, partidos políticos e governos tecem hipóteses — geralmente inconscientes, profundamente enraizadas nas instituições que os cercam — sobre o conhecimento: que tipo de conhecimento necessitam, sobre o quê, de quem, sob que forma. Encarando o apelo moral do neoliberalismo e tomando a única intuição válida de Hayek, mas desenvolvendo-a num quadro bastante diferente, espero fornecer algumas ferramentas para fortalecer uma nova abordagem do poder, mais especificamente do poder de transformar internamente as instituições de dominação: o poder, que é o da massa das pessoas que têm de contar com sua própria inteligência, umas com as outras e com os direitos que elas e seus predecessores conquistaram através da luta.

A importância do conhecimento prático para a compreensão e criação do poder de transformação democrática é a de que, por sua natureza, ele faz parte do conhecimento, ou seja, é parte integrante do mecanismo social de qualquer trabalho ou atividade em particular. Está integralmente ligado ao fazer, à ação. Pode ser a ação do hábito ou da rotina, a reprodução cotidiana mais ou menos passiva das instituições estabelecidas ou das maneiras de fazer as coisas. Pode ainda tornar-se, em graus variados, ação de transformação ou criação. Esse conhecimento associado ao fazer é uma fonte de poder especial, muitas vezes latente. Os indivíduos dotados de fontes de poder mais convencionais — riqueza, status público, conexões políticas — dependem dos indivíduos que têm acesso a esse poder especial. A eficácia de uma greve, a retração do trabalho, reside em parte na retração desse conhecimento prático. Mas o exercício desses propósitos transformadores, em vez de puramente defensivo, depende de se fazer conexões entre os diferentes fragmentos de conhecimento prático, conectando-os a outras formas de conhecimento, histórico e teórico, de modo a obter uma visão ampla, identificar as alavancas que precisam ser puxadas, a rede que precisa ser organizada, as alternativas a serem postas em andamento.

Esses argumentos sobre o conhecimento, portanto, não são simplesmente uma crítica conveniente de Hayek, para ser utilizada quando se é acuado pelos neoliberais, eles poderiam ajudar a consolidar uma nova compreensão dos meios e das funções organizacionais e políticas da transformação socialista. Esses pontos de vista já foram concretizados na prática. Este livro vai encontrá-los, por exemplo, na prática dos movimentos sociais democráticos e sindicais ocidentais dos últimos 30 anos.

E a experiência dos movimentos dos trabalhadores, dos sem-terra e dos movimentos sociais urbanos no Brasil de criar um novo tipo de partido político de esquerda — o Partido dos Trabalhadores brasileiro (PT) — é, a partir da minha breve impressão enquanto visitante no Brasil, ainda mais relevante para o meu argumento. (Espero que meus argumentos sejam de alguma relevância para eles.)

A importância do PT no meu argumento reside no fato de que, desde suas origens mais remotas, sua relação com os movimentos sociais — mais especificamente os movimentos dos trabalhadores da indústria e dos agricultores sem terra, mas muitos outros também — era a de auxiliar, promover e difundir o poder e a habilidade políticos desses movimentos como sendo essenciais para a transformação democrática. O trabalho do PT e dos movimentos com os quais está associado transcende a divisão de trabalho que tende a escorar as social-democracias de massa da Europa ocidental pelas quais os sindicatos — e outros movimentos sociais institucionalizados — restringiram suas atividades a uma esfera não política limitada de barganha industrial enquanto os partidos, através dos seus representantes parlamentares, perseguem a mudança social, econômica e política através do processo legislativo. Os movimentos que geraram o PT, os sindicatos da indústria de São Paulo e as organizações de trabalhadores agrícolas no campo, desenvolveram na luta contra a ditadura a base e a capacidade de ação e pensamento estratégico que desafiava diretamente os centros de poder da sociedade brasileira. Eles viram a necessidade da representação política e por esse motivo formaram o PT, mas, mesmo depois da queda da ditadura, continuaram a se organizar e a agir com base na idéia de que a legislação era somente a ponta do iceberg da transformação social. Além disso, dado o caráter concentrado da riqueza e do poder, a conquista de uma legislação transformadora ia ser um processo lento e irregular demais, pois, para sobreviver, as pessoas precisam de mudanças urgentes em suas vidas diárias. O conhecimento e o poder de causar a mudança, supostamente, existem nos movimentos: entre os sem-terra ocupando, trabalhando e vivendo na terra que deveria, por meio de uma reforma agrária há muito devida, ser deles; entre os movimentos urbanos trabalhando em parceria com as administrações do PT em cidades como

Porto Alegre; com os ativistas da CUT trabalhando estratégias de negociação que incluem as necessidades dos grupos sociais fora do local de trabalho.

Isso não diminui a importância dos procedimentos democráticos formais. Mas estes só são eficazes se os detentores do poder econômico aceitarem a legitimidade do processo democrático e obedecerem às suas decisões. Experiência — sejam greves de investimento e evasão de impostos na Grã-Bretanha ou a pura brutalidade dos senhores de terra e empregadores do trabalho escravo no Brasil — que eles não têm. O Brasil não é senão um exemplo extremo e particular de um fenômeno que agora surge de forma diferente em nível global, transformando os partidos políticos em simples protagonistas secundários.

A constatação de que interesses puramente pessoais impedem os processos democráticos públicos produziu, nos últimos 30 anos mais ou menos, uma gama de iniciativas e movimentos que buscam, de maneiras distintas, fortalecer o poder democrático. Na Europa ocidental, por exemplo, os ativistas políticos progressistas nascidos sob governos social-democratas acharam os partidos oficiais fracos demais para cumprir totalmente os ideais social-democratas, quanto mais para concretizar as aspirações mais radicais do feminismo e do ambientalismo. Do final dos anos 60 até o final dos 90, eles agiram tanto em escala pequena e cotidiana quanto no grande palco nacional e internacional. A partir de sua ação direta desenvolveu-se um compromisso com a participação popular na administração do dia-a-dia das organizações, inclusive a deles. Tal participação no cotidiano não só requer repensar/ampliar a definição de democracia, mas também os novos princípios democráticos, aplicando-os tanto à gerência e administração, como à efetiva tomada de decisões.

Em circunstâncias mais extremas, os movimentos sindicalistas e dos sem-terra no Brasil descobriram que uma definição mais ampla de democracia é necessária simplesmente para obter dignidades humanas básicas. As experiências dos movimentos populares e do PT no Brasil são especialmente claras e reveladoras, na forma como combinam a democracia da representação e a do fazer, precisamente porque a democracia participativa radical está se comprovando como a única maneira de refrear os setores mais brutais da classe dominante. Depois de 20 anos de ditadura, os governos civis não têm demonstrado vontade nem poder para tanto. Como resultado, uma democracia simplesmente baseada em eleições livres e representação parlamentar não é capaz de superar a miséria em que vivem 40 milhões de pessoas. Isso exige a luta democrática constante e diária de grupos de direitos humanos, organizações da Igreja, sindicatos, organizações dos sem-terra e outros grupos da sociedade civil, além de uma luta pela garantia da liberdade de organização. No presente, essas organizações cívicas enfrentam a perseguição e mesmo a morte.

Dedico este livro à política que esses movimentos estão criando. Ela é uma das muitas razões por que a esquerda do Hemisfério Norte tem de aprender com o Sul.

Agradecimentos

Em primeiro lugar quero agradecer a Aleks Sierz, por ter levado a cabo a árdua tarefa de editorar a versão inglesa de meu livro para esta edição brasileira, reduzindo-o à metade sem prejudicar a argumentação — e provavelmente melhorando-a. Quero também agradecer a meus queridos amigos brasileiros, José Ricardo Ramalho, Neide Esterci e a todos do IFCS, na Universidade Federal do Rio de Janeiro, por sua bondosa e estimulante hospitalidade quando visitei o Brasil em 1995. Sou grata ao British Council por prover a verba para essa visita como parte de seu apoio em prol do intercâmbio acadêmico entre o IFCS e o International Centre for Labour Studies da Universidade de Manchester. Por fim, quero agradecer a Cristina Zahar, por apoiar de forma tão sensível e paciente a publicação de meu livro no Brasil.

CAPÍTULO 1

Uma nova esquerda e a democratização do conhecimento

Ao ler sobre as mudanças na Europa oriental depois da queda do Muro de Berlim em 1989, deparamo-nos com um processo em que o Leste aspira a juntar-se ao Ocidente. O Ocidente em si parece não ter sido afetado pelas mudanças. Seu sentimento oficial de auto-satisfação desde que o tumulto pós-revolucionário no Leste perturbou a paz precariamente próspera do Ocidente, deu lugar a uma certa ansiedade.

O estímulo para a imprevista mudança no Ocidente forjou-se lentamente, às vezes de forma imperceptível. As conseqüências para o pensamento e a prática da esquerda não ficam imediatamente óbvias. Muitos socialistas ocidentais sentiram, de início, que suas próprias crenças políticas não seriam abaladas — poderiam ser até mesmo confirmadas — pelos turbulentos acontecimentos na Europa central e oriental. Por muito tempo acreditaram que aqueles regimes tinham pouco ou nada em comum com o socialismo; que as elites do partido burocrático haviam distorcido a idéia de socialismo para ajustá-la às próprias finalidades. Esses novos esquerdistas do Leste — socialistas ligados à ecologia, ao feminismo e ao trotskismo — acreditavam que tinham experimentado em seus próprios movimentos, e nas histórias ocultas de sua tradição marginalizada, arranjos democráticos inteiramente diferentes através dos quais o povo poderia obter o controle sobre os frutos de seu trabalho.

No outono de 1989 eu estava começando a escrever o que imaginava viria a ser um livro que investigasse se a nova esquerda ocidental — que se desenvolveu a partir de sua base extraparlamentar para fomentar algum compromisso com o Estado (por exemplo, chefiando um órgão municipal como o Greater London Council ou criando um novo partido como o Verde, na Alemanha) — teria criado novas formas democráticas. De uma poltrona na sala de televisão do Broomcroft Hall, na Universidade de Manchester, aplaudi os jovens manifestantes nas ruas de Leipzig, Praga e Bucareste. Pelas minhas leituras dos textos dos oposicionistas do Leste nos anos que levaram à queda do Muro de Berlim, parecia que certo número deles tinha chegado a conceitos bastante semelhantes aos dos novos movimentos sociais que desafiavam o sistema mundial da Guerra Fria do lado ocidental do Muro.

Os textos mais notáveis eram os de pessoas como Vaclav Havel e Jaroslav Sabota, da Charter 77 na Hungria, e George Konrad, da oposição húngara, que não só satirizavam os regimes do bloco soviético, como também questionavam a base da política de bloco.[1] Os movimentos independentes pela paz, invadindo os blocos militares dos dois lados, definiam sua meta como inseparável da democracia e dos direitos humanos. Esta era uma definição de paz que expunha o vazio da retórica de "paz" da União Soviética e envolvia também uma compreensão da democracia como algo mais libertador que as instituições parlamentares que coexistiam com os arsenais ocidentais da Guerra Fria. Um sentido mais amplo de familiaridade vinha da ênfase que alguns oposicionistas do Leste colocavam na atividade pública autônoma do Estado. Isso fazia eco à insistência dos novos movimentos sociais do Ocidente pela autonomia tanto do Estado quanto da gestão corporativa. Além disso, a idéia de Vaclav Havel de "viver a verdade" parecia expressar vividamente a importância política de se aspirar à integridade pessoal, um dos pensamentos subjacentes ao lema feminista ocidental: "o que é pessoal é político".

Havia decidido que meu livro terminaria por um diálogo com os oposicionistas do Leste, que teceriam comentários sobre a relevância de novas formas democráticas no Ocidente.[2] Suas percepções iriam, eu pensei, confirmar, em vez de desafiar, as idéias da nova esquerda libertária no Ocidente.

No entanto, meus primeiros encontros com estudantes que tinham trabalhado no escritório do Fórum Cívico durante as manifestações de novembro de 1989 em Praga me fizeram repensar a questão. Os intelectuais críticos da Charter 77 eram os heróis das multidões da praça Wenceslas, mas muitos dos jovens ativistas que tinham sido inspirados por sua coragem não compartilhavam de suas idéias. Ali estavam organizadores de um movimento cívico que tinham se mobilizado nas ruas, que acreditavam apaixonadamente na importância das iniciativas cívicas democráticas, mas que também aderiam à filosofia do "livre mercado". Não que se sentissem atraídos por determinadas prescrições econômicas pragmáticas — era, sobretudo, o desafio que representavam as noções morais e filosóficas do neoliberalismo ao Estado de engenharia social e ao partido onisciente que os atraía. Com efeito, eles me desafiavam a investigar tanto o apelo que a direita neoliberal exercia no Leste como a capacidade da nova esquerda do Ocidente de dar-lhe uma resposta.

Meus encontros com essas pessoas se deram após um longo silêncio — tinham-se passado vinte anos desde a última vez que mantive conversações com europeus do Leste em seu território natal. Fiquei em Estado de choque: aquele tipo de acontecimento que nos faz pensar a noite inteira e ver as coisas de modo ligeiramente diferente pela manhã.

Como muitos dos que se identificariam como parte da nova esquerda no Ocidente, meu socialismo havia sido forjado tanto em protesto contra a invasão da Tchecoslováquia pela União Soviética quanto em passeatas pelo fim do bombardeio do Vietnam pelos Estados Unidos. Em julho de 1968, enquanto a gerontocracia de Moscou preparava sua última sanção contra a revolta popular, fui a Sófia como um híbrido político de jovem liberal e estudante revolucionária para assistir ao Festival Mundial da Juventude organizado pelos soviéticos. O lema do festival era "Mir, drujba e solidarnos" (Paz, amizade e solidariedade). Mas os organizadores receberam do Ocidente jovens bem diferentes dos que tinham imaginado. As delegações da Alemanha Ocidental, Itália e Grã-Bretanha estavam repletas da "geração 68", que via o festival como uma oportunidade de confraternização por trás das linhas inimigas. A confraternização não foi fácil. Todos estavam alojados em prédios de apartamentos, distantes uns dos outros e anti-sociais em sua arquitetura. A delegação tcheca encontrava-se praticamente confinada. Toda tentativa de protesto, todo debate ou sugestão de democracia eram sufocados por levas do que chamávamos de "trabalhadores búlgaros espontâneos", que gritavam repetidamente e em uníssono: "Mir, drujba e solidarnos."

Depois dessa experiência, a lógica política que produziu a invasão soviética ficou assustadoramente clara. Era, para nós, o oposto do socialismo. Nós nos identificamos com os estudantes que estavam tentando deter os tanques e com os trabalhadores que ocupavam suas fábricas, e os acrescentamos à nossa lista de lutas contra as elites poderosas do mundo: "Ho, Ho, Ho Chi Minh — Londres, Paris e Berlim", e agora, Praga. Dou-me conta agora de que eu também supunha que, embora esses amigos imaginários tivessem sido derrotados em sua luta por um socialismo democrático, eles iriam, assim como nós, continuar a pensar em um socialismo real, baseado na democracia popular que tinha brotado do solo durante a Primavera de Praga. E supunha também que para esse processo convergiria uma geração mais jovem. Seus direitos civis permaneciam em nossa lista de causas, porém poucos de nós faziam o esforço de manter contato. Uma pequena minoria conservava os contatos, mas para a maior parte de nós tratava-se de um laço comum imaginado.

Meus primeiros encontros, vinte anos depois, com a geração pós-1968 de ativistas da oposição abalaram essas hipóteses. Eu não podia simplesmente negar as inclinações neoliberais dos jovens agitadores culturais da revista *Respekt* de Praga, dos metalúrgicos sindicalistas tchecos ou dos jovens políticos da FIDESZ (a Federação de Jovens Democratas) considerando-as mera e irremediavelmente direitistas, nem como racionalizações em torno de interesses puramente econômicos. A maioria deles logo viria a sofrer com os efeitos práticos das políticas neoliberais. Ao mesmo tempo em que não podia ignorar os sentimentos favoráveis ao livre mercado das pessoas com quem conversei classificando-os de reacionários, também não podia ignorar os momentos polêmicos em nossas conversas e simplesmente falar sobre o que tínhamos em comum. Nem podia me afastar e limitar minha colaboração política àqueles poucos indivíduos que tinham visões explicitamente socialistas semelhantes à minha.

Muitos tipos de pessoas favoráveis ao livre mercado renasceram no Leste europeu. Boa parte da *nomenklatura* simplesmente mudou de linha ideológica para poder conservar seus empregos ou conseguir novos. A linguagem do livre mercado no Leste é um novo código de submissão que substitui a igualmente opaca retórica soviética de "paz, amizade e solidariedade". Mas ela não explica o legado duradouro que a leitura nos *samizdat* do economista e filósofo austríaco Frederick Hayek, e os discursos de Margaret Thatcher e Ronald Reagan, nas rádios Europa Livre e Voz da América, encontraram em meio à juventude antes oposicionista, sem empregos aos quais se agarrar e de atitude prudente em relação ao poder.

Esse apoio às idéias do livre mercado é, na verdade, instável. As conseqüências sociais devastadoras das políticas ocidentais justificadas com essas idéias têm provocado ceticismo e preocupação. Mas nas atuais circunstâncias políticas da Europa central e do Leste, há pouca margem para o debate crítico. Além disso, não existe uma lógica inevitável impulsionando tal debate público como a que existe no sentido de uma conclusão baseada nos valores da esquerda igualitária e democrática, não há nem mesmo algum tipo de equilíbrio que se baseie em uma economia mista. Superficialmente, existe o problema das palavras: a maior parte dos termos com que os esquerdistas descrevem suas alternativas — "socialista", "coletivo", "apoiado pelo Estado", até mesmo "cooperativo" e "social" — constitui anátema para muita gente no Leste, mesmo quando esta compartilha valores básicos com os esquerdistas ocidentais. Por trás disto está a pobreza dos conceitos: na ausência de qualquer pluralismo de pensamento e discurso, essas palavras não têm significado, não contêm outro conceito além do evocado pelas realidades odiadas dos antigos regimes comunistas. Para a maior parte das pessoas, principalmente as mais jovens, não há alternativas conceituais que não sejam o oposto do que aconteceu no passado. A idéia de "democracia" cristalizou-se em torno dos nomes de Thatcher e Reagan — os nomes de Petra Kelly ou Edward Thompson nada significam. Essa pobreza de conhecimento é o resultado não só da falta de debate e da repressão da livre manifestação, como também de distorções da história nacional e internacional e restrições às viagens e comunicações. Poucas pessoas, especialmente as mais jovens, tiveram qualquer experiência de tais alternativas, embora esta realidade esteja agora se transformando num ritmo cada vez maior.

As experiências dos povos do Leste europeu com o despertar que foi a queda do Muro de Berlim representam um desafio para todos os socialistas no Ocidente. Há meios de se furtar a esse desafio, mas eles não funcionam num contexto do Leste. Um deles é o bem-intencionado "eu não disse?": o argumento segundo o qual as políticas do livre mercado estão produzindo miséria e turbulência social, e que esta turbulência promoverá a regulação social democrática e a intervenção no mercado, e, além de renovar o interesse pelo socialismo democrático. O argumento tem certa coerência, porém, mais uma vez, não considera de maneira completa a profundidade da rejeição das pessoas às medidas práticas que tenham qualquer associação com algo chamado "socialismo". No Leste europeu, "socialismo" continua sendo palavrão.

Miséria e turbulência social com certeza existem. E vão crescer. Um dos grupos mais militantes na Polônia é o dos trabalhadores da indústria de Varsóvia. Sua política econômica é livrar-se dos judeus que, segundo fantasiam, estão dirigindo os negócios e o governo. Outro grupo militante de trabalhadores é o dos mineiros na Eslováquia; uma de suas primeiras reivindicações foi verem-se livres dos tchecos. Não há aqui grande sinal de uma lógica que leve da turbulência ao socialismo. E esse tipo de consciência não é excepcional. Em outras palavras, pouco há, no momento, na cultura das políticas públicas do Leste europeu, que forneça os elos para o argumento dos socialistas ocidentais que dizem "eu não disse?".

A segunda maneira de escapar ao desafio, fuga que também incorpora algumas verdades, é o argumento do "nunca acreditamos que esses regimes fossem genuinamente socialistas". É importante lembrar que a ficha dos críticos de esquerda dos Estados comunistas têm sido, de um modo geral, honrosa. De Rosa Luxemburgo a Ernest Mandel e Rudolf Bahro, passando por Victor Serge, Alexandra Kollontai, Emma Goldman, Leon Trotsky, Ante Ciliga, todos apontaram, de diferentes pontos de vista, como o sistema de partido único reprime a democracia e como uma burocracia inconseqüente toma o lugar da classe trabalhadora. Conforme a época em que escreveram esses diferentes críticos, houve momentos históricos em que seus argumentos indicaram alternativas, com raízes visíveis nas forças sociais dentro da sociedade soviética. A visão deles tinha uma realidade material que se respaldava na experiência das pessoas — fossem os resquícios da vida democrática nos sovietes, as tendências oposicionistas no Partido Comunista, as iniciativas de organizações independentes de camponeses e trabalhadores ou uma ala reformista da liderança comunista. Esses críticos jamais foram capazes de mobilizar eficazmente seu poder para criar uma alternativa, mas pelo menos suas críticas, colocadas para contrapor o socialismo existente na realidade com os objetivos originais, tinham uma estrutura conceitual comum. À medida que diminuía a possibilidade de uma alternativa que pudesse ser significativamente compreendida pelos europeus orientais como tendo qualquer associação com o socialismo, diminuía o impacto dos críticos que escreviam dentro da teoria e linguagem do socialismo. A queda de Mikhail Gorbachev provavelmente simbolizou o golpe final na grande influência desses críticos — mesmo quando suas críticas eram dirigidas a ele e/ou à antiga liderança.

Isso tem importância para a teoria e a linguagem com as quais a nova esquerda ocidental pode responder ao desafio colocado pelo apelo generalizado, ainda que contraditório, do neoliberalismo. Significa que, apesar de ser provável que elementos de uma alternativa — mesmo o que muitos ocidentais perceberiam como uma alternativa socialista — se desenvolvessem no Leste Europeu, eles não podem ser construídos e generalizados com uma ênfase absoluta no contexto teórico existente do socialismo. Em vez disso, a nova esquerda ocidental precisa, no diálogo com aqueles movimentos do Leste, teorizar novas práticas através de uma crítica direta aos fundamentos do neoliberalismo, em particular do influente trabalho de Frederick Hayek.

Ao contrário dos argumentos que tomam como ponto pacífico o contexto teórico socialista, tal crítica tem de fato valor potencial na consciência contemporânea no Leste. Tem um valor crítico devido ao fracasso das receitas econômicas neoliberais e, talvez mais importante, um valor construtivo na crença dos social-liberais europeus do Leste — bastante inconsistente em relação ao neoliberalismo — na importância de iniciativas cívicas ou movimentos cívicos, por mais que seja vago o significado que dão a tais noções. Um compromisso com Hayek e a direita neoliberal é um exercício intelectual útil para a esquerda, uma forma de afiar suas ferramentas conceituais. Mas de que maneira afeta as lutas por democracia e justiça social na Europa?

A esquerda igualitária e democrática tem alternativas ao neoliberalismo; mas estas ainda precisam ser teorizadas de uma forma que possam se posicionar diretamente contrárias ao apelo contemporâneo da direita do livre mercado. Por exemplo, as últimas respostas sustentadas por Barbara Wootton e Anthony Crosland, no final dos anos 40 e meados dos anos 50, ao neoliberalismo de Hayek não servem adequadamente a esse propósito.[3] Elas significaram um desafio empírico bem-sucedido à idéia de livre mercado de Hayek; Wootton, em particular, defende um possível planejamento do Estado numa economia mista, mostrando como, com uma democracia parlamentar e um setor privado, os temores de Hayek de que toda intervenção do Estado no mercado traga consigo uma tendência ao totalitarismo são infundados. Mas ambos, cada um a seu modo, exigem que creiamos indevidamente no bom senso e na opinião abalizada e benevolente de pessoas como eles.

No Capítulo 2, reflito sobre a surpreendente flexibilidade de Hayek e o imenso interesse que seu trabalho despertou tanto no Leste como no Ocidente; clichês reproduzidos de sua obra surgiram diversas vezes nas minhas viagens através do Leste europeu. A busca por uma explicação para isso me forçou a voltar aos debates intelectuais entre liberais e socialistas nos *Privatseminars* de Viena nos anos 20 e 30. Neles Hayek desenvolveu pela primeira vez seus argumentos contra o socialismo — que ele entendia como responsável pela intervenção do Estado no mercado. A flexibilidade de Hayek está em sua teoria do conhecimento: em seu desafio à hipótese de que todo conhecimento social e econômico relevante pode, em princípio, ser centralizado. De acordo com seu ponto de vista, essa hipótese está por trás de todas as formas de organização do Estado socialista. Seu argumento baseou-se na demonstração da grande importância do conhecimento prático cotidiano, cujo caráter ele via como peculiar e único.

A leitura dos primeiros trabalhos de Hayek sobre o uso econômico do conhecimento produziu um estranho senso de reconhecimento. Ali estava aquele direitista, guru do Chile do general Pinochet e orientador espiritual de Margaret Thatcher, escrevendo a respeito do conhecimento de uma maneira que eu já tinha visto entre representantes sindicais, em grupos de conscientização do movimento de liberação das mulheres e entre filósofos socialistas. Ali estava um filósofo de direita dando crédito a técnicas e capacidades tácitas, "aquelas coisas que sabemos, mas não podemos dizer", que são ignoradas pelos economistas tradicionais; ou apontando para a relevância do "corpo de um conhecimento muito importante, mas não organizado, que não pode ser chamado de científico no sentido do conhecimento de regras gerais: conhecimento de uma época e de circunstâncias particulares".[4]

Hayek elaborou seu desafio à hipótese, na raiz da engenharia social, de que um Estado benevolente poderia conhecer as necessidades das pessoas, a partir de sua compreensão de que o conhecimento econômico não consistia somente de leis científicas — entendidas por Hayek como generalizações de regularidades estatísticas. Ele reconhecia que uma parcela significativa do conhecimento econômico era, por sua natureza, efêmera, prática e tácita. Esse conhecimento, diferentemente do científico, não poderia, sequer em princípio, ser centralizado, mas não era menos válido e vital como resultado. A partir dessa compreensão dos limites do conhecimento científico, ele conclui que os indivíduos nunca podem saber as conseqüências sociais de suas ações. De acordo com Hayek, os indivíduos entram no mundo socialmente às cegas; se tentam, individual ou coletivamente, planejar as conseqüências sociais de suas ações, infringem a liberdade dos outros. A única alternativa ao que é, em sua visão, uma ordem ditatorial e inevitável da *economia* de cima, é a coordenação espontânea de produtores e consumidores, realizada através do mecanismo de preços do mercado não regulamentado.

Vou explorar a lógica desse argumento e a maneira como ecoa em muitos dos debates agora influentes na Europa central e do Leste. Mostro então que a teoria do conhecimento de Hayek e as bases fundamentais para sua justificativa do livre mercado falham por sua interpretação dogmaticamente individualista dos limites do conhecimento humano, que se recusa a ver o conhecimento como produto social. O núcleo do argumento de Hayek é sua negação de que um indivíduo possa saber qualquer coisa "além do seu próprio pequeno círculo". Essa negação vincula seu reconhecimento dos limites do conhecimento humano a suas conclusões de que o resultado da atividade humana é casual e de que a ordem social que subsiste — sobretudo o mercado privado — é produto de um processo de evolução no qual não se deve interferir. Eis por que ele defende um Estado forte, protetor do livre mercado.

Essa visão do caráter individualista do conhecimento humano soa verdadeira para muita gente no Leste europeu. Mas é uma visão do conhecimento que leva Hayek, apesar de seu ponto de partida libertário, a favorecer a ordem — e um Estado forte para proteger essa ordem — em detrimento da criatividade humana. Essa lógica fica visível no comportamento dos seguidores de Hayek nos ministérios econômicos da Europa central e do Leste.

Teorias do conhecimento podem parecer extremamente abstratas diante da guerra e da "limpeza étnica" nos Bálcãs, do crescente desemprego e das divisões econômicas mais amplas em todo o continente e do surgimento do racismo no Leste e no Ocidente. A leitura de Hayek, no entanto, conscientizou-me de uma dimensão dos novos movimentos sociais em que atuei — especialmente o movimento estudantil de 1968, o movimento das mulheres e o movimento radical dos líderes sindicais — para cuja importância eu não estava suficientemente atenta. Essa dimensão diz respeito à maneira como esses movimentos descobriram uma nova compreensão do conhecimento. Esta deveria, conforme discutirei, contribuir para novos fundamentos para a esquerda. Em circunstâncias em que os políticos profissionais de todo o espectro político fracassaram, essa dimensão fortalece a importância das organizações cívicas democráticas no local de trabalho, na comunidade e nas relações internacionais como um meio através do qual o conhecimento prático é socializado, a compreensão teórica, escrutinizada e os agentes coletivos da mudança, detendo saber parcial, são forjados.

Na prática, esses novos movimentos estão se rebelando contra as autoridades oniscientes do Estado e da corporação. Além disso, em suas formas de se organizar e pensar, demonstraram o valor de se compartilhar o conhecimento cotidiano e combinar e testar seus pontos de vista com os do conhecimento teórico. O movimento estudantil e o movimento contra a guerra no Vietnam desafiaram a confiança das elites ocidentais (e do Leste) em que o conhecimento científico era capaz de mostrar o caminho para o progresso do desenvolvimento social.

A noção de ciência que ajudou a moldar a ação do Estado, tanto no Leste quanto no Ocidente, baseava-se em um modelo das ciências naturais que formulava leis gerais através da descrição das conjunções regulares dos fenômenos. Isso forneceu a premissa a partir da qual imaginava-se que as ciências, sociais bem como naturais, eram capazes de fazer previsões a respeito do futuro e obter um conhecimento cada vez mais perfeito à medida que a descoberta de generalizações progredia. Embora esse modelo positivista tenha tido impacto progressivo durante o Iluminismo, quando seus principais inimigos eram a fé religiosa, a tradição e a superstição, gradualmente passou a servir de base a uma fé excessivamente otimista quanto aos progressos científicos, fossem esses intelectuais, sociais ou morais;[5] quando aplicado à sociedade, admitia que as leis "científicas" eram as únicas formas válidas de conhecimento e que a reforma exigia uma engenharia social.

O problema da engenharia social não reside no fato de que ela visa a mudança social, mas no de que presume uma ação externa sobre a sociedade — do mesmo modo que os cientistas sociais positivistas, que fazem uma análise externa da sociedade, sem qualquer consciência das relações sociais que os ligam ao objeto de estudo. Em graus variados, entendeu-se a sociedade como matéria-prima. O Estado, nas mãos dos reformistas sociais, ou o novo Estado, dirigido pelo partido revolucionário, era conduzido por técnicos cuja missão era transformar o material social.

Os movimentos estudantil e dos trabalhadores do final dos anos 60, e mais ainda seus desdobramentos — os movimentos das mulheres, dos ambientalistas e dos pacifistas — desafiaram essa metodologia, questionaram o caráter inevitavelmente progressista da ciência, e, na prática mais que na teoria, valorizaram o conhecimento prático e tácito assim como demonstraram também o caráter social de todas as formas de conhecimento, tanto o cotidiano quanto o científico. Sua rejeição à superioridade das leis científicas tem algumas semelhanças com a iconoclastia de Hayek. "Hoje", escreveu ele nos anos 40, "é quase heresia sugerir que o conhecimento científico não seja a soma de todo o conhecimento."[6] No entanto, Hayek concluiu de sua análise do caráter prático e tácito do conhecimento que ele era necessariamente individual, as atividades dos novos movimentos, ao contrário, ilustram em que medida se pode compartilhar conscientemente e construir socialmente a partir do conhecimento prático para se realizar a mudança social sem as pressuposições oniscientes de um engenheiro social. É claro que, no esforço de democratizar e compartilhar conhecimento, houve algumas vezes uma idealização do conhecimento prático e cotidiano; mas muitas das iniciativas duradouras dos recentes movimentos de esquerda também foram pioneiras em novas formas de combinar conhecimento teórico e prático, as quais dão conta da importância distinta e essencial de cada um para uma compreensão mais apropriada de como se alcançar a mudança social.

Minha opinião é a de que esses movimentos estão colocando em prática uma nova compreensão do conhecimento. Esta nem sempre é coerente, embora escritores, particularmente as feministas, tenham formulado contra-interpretações convincentes acerca da ciência.[7] Acredito, portanto, que é importante, politicamente, estudar certos temas na prática dos movimentos sociais radicais. A nova compreensão da ciência que a prática deles indica vê a experiência e a teoria, o sentimento e o intelecto, numa relação de reciprocidade — e a reciprocidade é um processo, mais que um momento fixo de verificação ou falsificação. Em lugar de simplesmente gerar fatos, a experiência nos fornece chaves para estruturas e relações que não são observáveis senão através dos epifenômenos que elas produzem. O caráter preciso dessas estruturas e relações só pode ser compreendido prestando-se atenção aos detalhes da experiência. Além disso, sentimentos podem ser sinais de inadequação na interpretação da experiência; para ser útil, porém, é preciso haver um contexto em que essa dúvida leve à criação de novas ferramentas intelectuais. A socialização do conhecimento consiste em se usar fontes diferentes de conhecimento para fazer avançar a investigação, para explicar melhor um problema social e para identificar os recursos da mudança com mais clareza.

No Capítulo 3, mostro como, em boa parte de sua prática, os novos movimentos desdenharam a sedutora meta de conquistar poder para tornarem-se autoridades oniscientes, mostro também como buscaram formas através das quais eles próprios pudessem se tornar mais bem-informados — por exemplo, os grupos de conscientização do movimento das mulheres e uma grande variedade de intercâmbio de informações básicas — criando assim novas formas de poder necessárias à mudança social almejada. Tudo isso pressupõe uma visão do conhecimento como produto social, distribuído, dotado de valor e apropriado sob formas que são potencialmente transformáveis; e, por sua vez, implica que as possibilidades de mudança social radical e democrática dependem consideravelmente da democratização e socialização da organização do conhecimento. Isto se aplica à sua distribuição tanto no setor estatal quanto no setor privado, além de no movimento dos trabalhadores e na própria esquerda.

Quais são os passos lógicos que conduzem a essa ênfase nas políticas do conhecimento? Eu diria que as pessoas que herdam e mantêm no dia-a-dia, ou passivamente reproduzem, as instituições sociais também herdam e reproduzem culturas sociais. Essas culturas, por sua vez, incluem pressuposições a respeito do caráter do conhecimento e de como ele é melhor organizado. Geralmente, tais pressupostos não são publicamente discutidos ou assumidos conscientemente. Debates sobre a organização do conhecimento, sem falar na filosofia do conhecimento, não são, normalmente, tema em política. Porém quando os movimentos surgem e incorporam uma contracultura que as pessoas criaram enquanto tentavam transformar suas instituições, os velhos pressupostos ficam expostos. O mesmo ocorre com as hipóteses que dizem respeito ao caráter do conhecimento que sustentava todas as instituições da Guerra Fria: a cultura dessas instituições estava permeada por uma compreensão altamente positivista do conhecimento, como se este se baseasse exclusivamente em generalizações sobre as regularidades de variáveis sociais ou na codificação de um comportamento observável repetido.

No Capítulo 4, mostro como essa visão do conhecimento tem sido por muito tempo tema de questionamento filosófico. Porém na estagnação da Guerra Fria, a mudança política e social ficou bem atrás da mudança filosófica. Não é de surpreender, então, que, quando a pressão por mudança social transbordou nas ruas, de 1968 em diante, teorias do conhecimento concorrentes — a teoria crítica de Herbert Marcuse e Jurgen Habermas, o pós-modernismo de Michel Foucault e Jacques Derrida e o realismo crítico de Roy Bhaskar e outros — tenham se tornado inusitadamente centrais para o debate político público da esquerda. Tinha que ser assim. À medida que as instituições estabelecidas são superadas e constata-se que seus fundamentos culturais estão corroídos, os instigadores da mudança serão mais eficazes se considerarem conscientemente quais novos fundamentos devem preparar, em vez de tentar construir sobre os destroços do passado.

Também discuto, portanto, possíveis ferramentas teóricas a serem usadas para desenvolver a abordagem do conhecimento implícita em boa parte da prática dos novos movimentos.

Ao ler uma seleção de textos dos principais candidatos ao papel de liderança intelectual, crítico influente ou, no caso do realismo crítico, operário dos movimentos radicais, senti, às vezes, que sob certos aspectos eles estavam indo na mesma direção. A teoria crítica, o realismo crítico e o pós-modernismo estão todos desafiando o legado do positivismo. Todavia, cada um deles se desenvolveu a partir de compromissos com aspectos diferentes do positivismo em circunstâncias históricas distintas. A teoria crítica chama a atenção para o positivismo na medida em que este invadiu as instituições econômicas, políticas e culturais; o realismo crítico concentra-se na filosofia positivista da ciência, e o pós-modernismo nasceu de um desencanto com o modernismo na arte, arquitetura e cultura.

Pensando no quanto essas teorias nos ajudam a entender a maneira como os novos movimentos tentaram promover a mudança social, achei bastante frutíferas as perspectivas da teoria crítica e do realismo crítico. A necessidade do pós-modernismo de desconstruir a linguagem do Iluminismo e criticar a tendência que os conceitos universais do humanismo (tais como "direitos humanos" e "povo") têm de escorregar por diferentes identidades é uma atitude que os novos movimentos compartilham — do mesmo modo que compartilham o seu ceticismo em relação a noções de progresso científico e racional. Mas a preocupação pós-modernista com o papel da linguagem na criação do nosso mundo muitas vezes leva à negação da possibilidade de objetividade. Isto, por sua vez, corrói a idéia da verdade como um padrão ao qual poderíamos aspirar e leva ao ceticismo em relação à viabilidade da ação direta. No entanto, alguma confiança na realidade objetiva é necessária para qualquer esforço coletivo que pretenda resistir à injustiça e à opressão.

A teoria crítica (implicitamente) e o realismo crítico (explicitamente) se baseiam numa ontologia realista sem pressupor que a linguagem seja um reflexo positivista e não-problemático dessa realidade. Eles nos permitem tanto compreender as mudanças culturais (por exemplo, nas teorias do conhecimento) quanto chegar a uma aproximação da verdade a respeito de suas conseqüências para outras esferas da sociedade (tais como as instituições políticas). Sua abordagem crítica exige que a verdade seja sempre passível de revisão, como resultado da experiência, mas permite que, nesse ínterim, a verdade forneça uma base para a ação, inclusive a coletiva, que visa transformar as instituições.

Não é de surpreender, portanto, que essa investigação das formas de racionalidade pressupostas por aqueles que exercem o poder e as alternativas sustentadas por aqueles determinados a se opor a esse poder tenham implicações radicais para o caráter de um governo democrático. A idéia do conhecimento, tanto no sentido prático quanto teórico, e da capacidade humana de saber como socialmente variável e passível de transformação, leva a estratégias voltadas para a transformação social que já não vêem o Estado como engenheiro externo, mas como gerador potencial de uma estrutura democrática e do apoio público para uma série de formas de autogoverno popular. No que se refere aos debates tradicionais sobre democracia, isso implica uma combinação de formas participativas e representativas. Uma questão vital é saber como podem aqueles afetados pelo poder usar de maneira mais eficaz o seu conhecimento.

No Capítulo 5, ilustro algumas lições que se tiram da prática do movimento das mulheres, de setores radicais do movimento sindicalista, dos partidos do movimento verde e da nova esquerda em geral. As experiências aqui descritas mostram as possibilidades práticas da gestão democrática das finanças públicas, da coordenação econômica e da organização política.

Em primeiro lugar, o reconhecimento da importância de fontes diversas de conhecimento e de seu caráter socialmente determinado implica que qualquer noção de democracia que se baseia exclusivamente em procedimentos democráticos formais (a eleição de deputados e a votação pública em programas concorrentes) é por demais estreita para se compreender o significado da democracia. Se a democracia deve levar em conta o caráter tácito e prático do conhecimento, então a organização democrática também tem de incluir os processos — formais bem como informais — pelos quais as decisões são implementadas e a organização diária de um serviço, empresa ou partido. A "democracia do fazer" tem que complementar a democracia do decidir. No Capítulo 5, tento analisar os mecanismos para esse tipo de democracia participativa ao discutir os problemas que um grupo de feministas enfrenta para administrar uma escola de ensino superior para mulheres na Suécia.

Em segundo lugar, abordando os processos participativos de autogerenciamento do local de trabalho e os problemas de coordenação econômica, mostro como o reconhecimento do caráter prático e efêmero de boa parte do conhecimento econômico contradiz a conveniência de um processo único e integrado de tomada de decisões, quer para a economia como um todo, quer para um setor dela. Por outro lado, uma compreensão das possibilidades do caráter social e transformador do conhecimento econômico põe em risco o princípio neoliberal de não-regulamentação do mercado, abrindo oportunidades de se compartilhar o conhecimento com aqueles que estão na base da economia. Isso envolveria formas de cooperação entre autoridades eleitas em diferentes níveis e associações de cidadãos, trabalhadores, consumidores, usuários de serviços e quaisquer outros representantes da comunidade local. Na segunda parte do Capítulo 5, cito exemplos de redes democráticas e formas alternativas de organização econômica criadas por diversos ativistas. Muitas delas são o resultado do que começou como uma luta defensiva. A dinâmica dessas organizações — que incluem redes de sindicatos, campanhas em defesa dos trabalhadores autônomos, projetos inspirados por tecnólogos radicais e iniciativas de consumidores — não visa substituir o Estado, mas democratizá-lo. Tais organizações não querem abolir o mercado, mas socializá-lo e limitar a natureza antagônica da concorrência privada.

A visão de uma sociedade e de uma economia democráticas envolvendo diversas formas de democracia em níveis distintos da sociedade tem implicações radicais para a ação e representação política. A última parte do Capítulo 5 aborda essa questão e examina como a necessidade de se conseguir um compartilhamento aberto do conhecimento foi um impulso importante para feministas, ecologistas, pacifistas, ativistas dos movimentos de gays e lésbicas e sindicalistas. O objetivo destes grupos é o de criar formas de organização apartidárias e não-hierárquicas para atingir metas comuns ("redes" é a palavra mais comumente usada para descrevê-las, embora seja agora a palavra da moda para qualquer modo informal de organização).

A história dos novos movimentos dos últimos vinte anos indica que eles se mostraram mais eficazes quando se organizaram de maneira consciente com base em redes "horizontais" como essas — embora não negassem a necessidade de se formar uma hierarquia prática para a execução de uma tarefa específica. A fim de conseguir um impacto político duradouro, entretanto, tais redes necessitam de infra-estruturas, que são os meios através dos quais as redes se comunicam e se expandem. Contudo, muitas vezes, esse trabalho é negligenciado, fazendo com que as redes tenham de ser muitas vezes recriadas, gerando desperdício de uma energia que é escassa e a perda de memória histórica. Além disso, os movimentos baseados em redes, por mais densamente organizados que sejam, descobriram que precisam de representação política para acompanhar as mudanças e as reivindicações por mudança que geraram fora do sistema político.

No entanto, estes movimentos não buscaram satisfazer sua necessidade de manifestação pública permanente transformando-se em grupos de pressão convencionais. Ao contrário, eles experimentam formas de representação que lhes permitem uma ação extraparlamentar ao mesmo tempo em que participam de um partido que compartilha seus objetivos. Na maior parte dos países europeus ocidentais, essas organizações extraparlamentares descobriram que precisavam de um apoio político e de plataformas de luta que os partidos social-democratas e comunistas tradicionais não são capazes de oferecer de modo confiável. Em parte como resposta a essa necessidade, vimos o surgimento de novos tipos de partidos que não arrogam para si o monopólio do processo de mudança da esquerda. Esses partidos — tais como o Verde na Alemanha, o Partido Socialista do Povo, na Dinamarca, e a Esquerda Unida, na Espanha — têm um caráter diferente de seus concorrentes eleitorais, pois não estão preocupados em representar apenas o eleitor individual ou um grupo de interesse corporativo, mas em oferecer uma plataforma para projetos de mudança social que ocorrem fora das estruturas políticas. Esses partidos ainda não representam um paradigma político coerente, estável, mas foram os primeiros a lançar formas inovadoras de representação que abalaram os sistemas políticos de que, cautelosamente, participam.

Minhas ilustrações dos argumentos que relacionam democracia e conhecimento são, talvez de maneira inevitável, um tanto pessoais, baseadas não apenas em meu envolvimento direto mas também em exemplos que pareciam tanto colocar à prova quanto elaborar a importância da organização do conhecimento social e econômico para a autêntica democracia.

O que levanta a questão do modo como este livro foi organizado. Não pretendi fazer uma análise abrangente dos recentes movimentos de esquerda. Preferi, em vez disso, lançar diversas hipóteses, com base em minha própria experiência política com os movimentos sociais aliada à crítica da teoria do conhecimento de Hayek e a minhas leituras voltadas para as filosofias da ciência antipositivistas. As hipóteses são as de que os ativistas dos novos movimentos, no que se refere a sua prática mais inovadora, foram pioneiros na abordagem do conhecimento que, como Hayek, valoriza seus aspectos práticos e tácitos mas que, diferentemente dele, encara estes e os aspectos teóricos como produtos sociais. O que vem a confirmar a crença de que a autêntica democracia implica poder popular na administração da sociedade, que, por sua vez, só pode ser realista se a vida econômica for igualitária e cooperativa. Trata-se de um novo desafio para o Estado onisciente, diferente daquele colocado pela direita neoliberal: um desafio que, contrariando a direita, guarda em si a possibilidade real de esforços conscientes para a transformação da sociedade. Assim, na prática, se não em tese, *eles* fornecem uma base para uma resposta ao apelo dos neoliberais do livre mercado.

Devido ao próprio caráter desses argumentos, o estilo do livro não é uniforme. A crítica de Hayek é inevitavelmente teórica, a visão geral inicial da abordagem ao conhecimento implícita nos novos movimentos sociais que surgiram pela primeira vez em 1968 é analítica, mas temperada com ilustrações, a avaliação das diferentes abordagens do conhecimento influenciando, ou influenciadas por, novos movimentos é fundamentalmente um trabalho de exegese teórica, os capítulos subseqüentes consistem em reportagem e análise dos exemplos que testam ou elaboram minhas hipóteses. Trata-se, portanto, de um livro com um percurso acidentado.

E como as hipóteses levantadas nos diferentes capítulos do livro contribuem para um novo fundamento para a esquerda na Europa pós-Guerra Fria?

Debates acerca do futuro da esquerda tornam-se cada vez mais uma prática mundial, em parte porque são estimulados pela rápida globalização das relações econômicas. Porém as experiências de resistência e de formulação de alternativas são moldadas por histórias que têm por base o continente europeu e as diferenças nacionais e regionais que ele apresenta. Assim, meu foco na experiência da esquerda na Europa não restringe a amplitude de meus argumentos — nem eu iria negar que eles poderiam ser enriquecidos com as experiências recentes da esquerda na América Latina, Índia ou África do Sul —, mas apenas indica que sua ênfase tem por base a experiência européia em particular, que tem uma importância especial na história e no futuro da esquerda. Meu foco em elementos histórica e geograficamente específicos também significa que as perspectivas discutidas neste livro não são as únicas alternativas ao capitalismo liberal. Se por um lado, modelos distintos de socialismo estão sendo fomentados, através do método de tentativa e erro, em alguns poucos países na América Latina, Ásia e África, por outro, uma forma de desenvolvimento capitalista conduzida por Estados autoritários fortes provou, nos seus próprios termos, ser altamente bem-sucedida no Japão e está agora sendo adaptada, em formas mais extremas, e aparentemente com o mesmo sucesso, em Taiwan, na Coréia do Sul e em outros países recém-industrializados.

Mas, tendo em vista a prática dispersa e precária dos movimentos de esquerda no continente europeu, os principais argumentos deste livro fortalecem os desafios que a esquerda vem enfrentando na prática no que se refere às noções de Estado e sociedade que caracterizaram a política da Guerra Fria. Central a essas noções está uma concepção positivista do conhecimento, coerente com a noção do Estado como representante e implementador das necessidades da sociedade, ou seja, uma idéia do conhecimento que pressupõe uma visão atomística de indivíduos e sociedades, cujo caráter fechado e contido em si mesmo se subordina a leis gerais da sociedade e da natureza e é formado com base na observação das regularidades sociais e naturais. Tal visão do conhecimento se deve ao otimismo das fases expansivas do capitalismo: o poder acredita que o conhecimento, conforme resumido nas leis gerais, pode ser centralizado e prover um fundamento para as previsões definitivas concernentes às necessidades sociais e à alocação de recursos sociais.

Ao mesmo tempo em que a visão positivista do conhecimento e a concepção da engenharia social do Estado e sua relação com a sociedade estão sendo desafiadas pela esquerda libertária e pela direita neoliberal, o Estado-nação em si tem sido atacado. Alguns dos poderes desses Estados-nações, como é o caso de outros ao redor do mundo, foram minados de cima para baixo, isto é, por organizações econômicas internacionais; outros foram atacados também de baixo para cima, por indivíduos em seus locais de trabalho e por comunidades frustradas com a incapacidade das instituições nacionais de atender a suas necessidades. Este livro trata predominantemente deste último desafio, um desafio aos métodos e aos limites espaciais do Estado-nação.

As redes da esquerda de hoje querem ser internacionais, pois afinal de contas, elas se desenvolveram a partir de esforços para acompanhar e compreender os novos poderes e arranjos das instituições multinacionais e intergovernamentais e para compartilhar experiências comuns de luta e organização para as quais não existem modelos nacionais. Esses novos movimentos foram importantes protagonistas na política européia contemporânea devido ao papel que desempenharam no término da Guerra Fria. Os Estados comunistas do Leste Europeu não entraram em colapso apenas porque o poder abdicava de sua posição no topo da hierarquia — muitas das mudanças foram impostas ao poder por pressões vindas de baixo. Os novos movimentos foram protagonistas cujas fontes de poder, derivando em parte das redes e recursos criados por movimentos radicais dos dez anos anteriores, pegaram de surpresa as elites estabelecidas. Os movimentos pela paz do início dos anos 80 foram, em toda a Europa, uma força material real na criação de um novo clima político (que se opunha às pressões do Pentágono e da OTAN) favorável às drásticas iniciativas de desarmamento de Mikhail Gorbachev, facilitando assim o caminho para a *perestroika* e o que veio a ser o fim da polarização da Europa. Essa característica unilateral do fim da Guerra Fria, porém, não era o que a maioria dos ativistas pela paz estavam pretendendo originalmente.

As fontes de poder capazes de alimentar os movimentos do início dos anos 80 só podem ser mobilizadas sob circunstâncias especiais. Em geral, essa política da nova esquerda é marginal e por vezes, automarginalizadora. A ausência de uma estrutura política e democrática pan-européia contribui para sua invisibilidade. As campanhas e iniciativas claramente européias, ou pelo menos transnacionais, dos movimentos lésbico e gay, anti-racista e feminista, por exemplo, podem ganhar pouca expressão. O resultado não é tanto um déficit democrático, a ser remediado com o tempo, mas uma espécie de vazio democrático, que é especialmente perigoso num tempo de insegurança econômica crescente para uma grande proporção da população que está, portanto, ativa e incoerentemente buscando, sem encontrar, soluções dentro do sistema político existente. A extrema direita na Europa ocidental amealhou seu apoio popular sob insígnias que denunciam as instituições da União Européia e os trabalhadores estrangeiros como a ameaça a seus futuros incertos.

O compromisso comum à nova esquerda ocidental e aos oposicionistas do Leste que permaneceram fora do Estado — a saber, o compromisso com os movimentos cívicos democráticos enquanto agentes necessários, mas não suficientes, de mudança social — tem uma importância única para preencher o vazio democrático e minar o apoio popular à extrema direita. Esses movimentos têm o poder de criar associações sociais informais através das quais os indivíduos exercem sua autoridade para decidir sobre seus futuros e têm acesso a um referencial de identidade que não é definido pelo ódio ao seu semelhante. O crescimento de tais associações cívicas democráticas, enraizadas entre os membros mais destituídos de poder e mais frustrados da sociedade, será uma base a partir da qual se poderia resistir ao novo autoritarismo e racismo popular crescentes na Europa. Entretanto, no presente momento, a base social dos movimentos sindicalistas e dos movimentos sociais democráticos e radicais é limitada, será necessário um esforço conjugado no sentido de ampliar essa base, transformando o que é uma contracultura minoritária em força política para lutar pela democracia e segurança social.

Semelhante aos movimentos verde e pela paz do início dos anos 80, trata-se de uma campanha que não tem uma bandeira só. Como eles, envolve um conjunto compartilhado de valores e no mínimo uma visão dos princípios de controle democrático que começariam a dar uma resposta à frustração popular com as tendências atuais da política européia. A política dos movimentos sociais democráticos e dos movimentos sindicalistas oferece uma base. Caso se desenvolvessem, representariam um novo tipo de esquerda, uma esquerda na qual o liberalismo, ultrapassando os limites do individualismo, cooperaria e concorreria com uma forma de socialismo que não mais se baseasse no Estado-nação. Há necessidade urgente de uma ação pan-européia para deter as forças do ódio étnico que vem se mobilizando por toda a Europa. Amanhã poderá ser tarde demais.

NOTAS

1. Ver Vaclav Havel, *Living in Truth* (Londres, 1986); a correspondência de Jaroslav Sabota com E.P. Thompson em *Voices from Prague* (Londres, 1981), e *Anti-Politics*, de George Konrad (Londres, 1984).

2. Para explorar esse diálogo, organizei um breve seminário com o Transnational Institute em Amsterdam. Ver Hilary Wainwright, P. Burke e M. Thompson, *After the Wall: Social Movements and Democratic Politics in the New Europe* (Londres, 1991).

3. Barbara Wootton, *Freedom Under Planning* (Londres, 1947) e Anthony Crosland, *The Future of Socialism* (edição revista, Londres, 1963).

4. Frederick Hayek, "The Use of Knowledge in Society", em *Individualism and Economic Order* (Londres, 1949).

5. Foi também a base de uma abordagem instrumental da natureza. O mundo natural foi tratado como se fosse feito de objetos inanimados a serem manipulados para fins humanos. Ver Ted Benton, *Natural Relations* (Londres, 1993) e Kate Soper, *The Idea of Nature* (Oxford, 1994).

6. Frederick Hayek, "The Use of Knowledge in Society", em *Individualism and Economic Order* (Londres, 1949), p.80.

7. Ver Sandra Harding, *The Science Question in Feminism* (Nova York, 1986) e *Discovering Reality: Feminist Perspectives on Epistemology, Metaphysics, Methodology and Philosophy of Science* (Dordrecht, Holanda, 1983); Hilary Rose, "Heart, Brain and Heart: A Feminist Epistemology for the Natural Sciences", em *Signs: Journal of Women in Culture and Society*, 9, nº 1; Donna Haraway, em Linda Nicholson (org.) *Feminism/Post-Modernism* (Londres, 1990).

CAPÍTULO 2

Frederick Hayek e o Estado de engenharia social

O economista e filósofo austríaco Frederick Hayek é o mais importante dos pensadores neoliberais, não só por sua longevidade e produção fértil, como também pela força dos argumentos intelectuais com que fundamenta a economia política neoliberal. Abrangendo seis décadas, o alcance e o volume da obra de Hayek por si sós já são vastos, envolvendo quase todas as disciplinas de ciências humanas. Depois de escrever 34 livros, 25 panfletos e 235 artigos até 1984, Hayek continuou escrevendo até à sua morte, em março de 1992.

Quando visitei o Leste europeu em 1990, por repetidas vezes conversei com pessoas ligadas à esquerda que tinham feito ferrenha oposição aos Estados comunistas, mas que, após o colapso destes passaram a acreditar ingenuamente em muitos dos planos mirabolantes do livre mercado que Hayek defendia. Com base ou não em seus trabalhos, chavões extraídos de seus livros e as opções rígidas que ele tão veementemente esboçou eram citados por toda parte. A experiência me ensinou que foram os argumentos filosóficos gerais de Hayek, e sua moralidade econômica e política intrínseca, mais que qualquer uma de suas soluções econômicas em particular, que exerceram influência nas idéias de livre mercado entre os ativistas democráticos liberais. Ferramentas intelectuais eficazes para desenvolver uma alternativa às filosofias neoliberais tão freqüentemente admiradas no mundo pós-comunista, são relevantes não só no Leste europeu mas em todo o mundo — em todo lugar onde as políticas neoliberais desejam exibir suas raízes intelectuais. Para dar início a uma crítica dessas idéias, temos que, em primeiro lugar, examinar o contexto da popularidade de Hayek.

A polêmica mais famosa de Hayek contra o socialismo, *The Road to Serfdom*, foi recebida com êxtase nos Estados Unidos na época de sua publicação, em 1944, a ponto de ser publicada em uma série artigos no *Readers' Digest*. Contudo, na Europa ocidental a recepção foi fria. O consenso social-democrata dos anos 50 e 60 apontava Hayek como uma excentricidade política. Seymour Martin Lipset descreve um incidente revelador, nos anos 50, quando o Congresso pela Liberdade na Cultura, custeado pela CIA, organizou um "congresso mundial de intelectuais" para debater o "Futuro da Liberdade". Os políticos trabalhistas Hugh Gaitskell e Richard Crossman, os pensadores conservadores Raymond Aron e Bertrand de Jouvenal, líderes de opinião nos EUA tais como Arthur Schlesinger Jr., estavam entre um grupo criteriosamente escolhido de 150 pessoas que se reuniram por uma semana em Milão, em 1955. Havia um amplo consenso: os conservadores estavam preparados para aceitar um grau moderado de regulamentação estatal; os social-democratas, preparados para aceitar um setor privado poderoso. De acordo com Lipset, "ninguém parecia acreditar que na verdade fazia muita diferença que partido controlava as políticas internas das nações individuais", desde que todos fossem contra a Rússia. "A única ocasião em que o debate esquentava", rememora Lipset, "era quando alguém se fazia de "juiz de paz comunista", dizendo algo que poderia ser definido como sendo por demais favorável à Rússia." No final do congresso, porém, uma voz dissonante falou, do outro lado do espectro político. Hayek, que tinha permanecido em silêncio até o último dia, lançou uma provocação aos participantes. De acordo com o relato de Lipset, Hayek declarou que todos deviam "se preparar para enterrar a liberdade, em vez de salvá-la". Naquela época, lembra Lipset, ele foi visto como um excêntrico.[1]

Trinta anos depois, Sir Keith Joseph, ministro conservador da Grã-Bretanha, tornou obrigatória, para seus assistentes, a leitura de *The Road to Serfdom*. A primeira-ministra Margaret Thatcher falava de Hayek com reverência, afirmando ter sido ele a influência mais importante em sua carreira política.

O ciclo da popularidade de Hayek coincide (o que não é de surpreender) com os períodos em que a administração estatal da economia, sob qualquer forma, é ou temida por grupos poderosos da sociedade (como nos EUA logo após a Segunda Guerra), ou culpada por uma falha na economia (como no caso da intervenção estatal na indústria na Grã-Bretanha), ou ainda quando ela claramente fracassa na distribuição dos bens econômicos prometidos (como no colapso das economias no comando do bloco soviético). Os argumentos de Hayek contra a intervenção do Estado eram abrangentes: ele encarava as formas moderadas, keynesianas ou social-democratas como o primeiro passo para o totalitarismo fascista ou comunista. A ascensão, queda e renascimento da influência de Hayek, de acordo com os sucessos e fracassos da intervenção estatal na economia, é bastante reveladora. Mas a relevância da lógica de Hayek para o neoliberalismo, apesar de sua vulnerabilidade empírica, indica um fundamento filosófico mais profundo, que a esquerda ainda tem que desenterrar e examinar criticamente.

A teoria de Hayek sobre o caráter prático, efêmero e tácito de grande parte do conhecimento econômico é o fundamento sobre o qual ele construiu seu desafio ao que via como os Estados de engenharia social oniscientes criados pela esquerda. (Ele se mostrava notadamente reticente no que se referia à engenharia social de seus próprios seguidores.) A força de seus argumentos não está, em última instância, na sua própria compreensão do conhecimento prático — esta peca por um individualismo dogmático que o cega para o caráter social e potencialmente transformador do conhecimento econômico. A semente de verdade que confere ao seu trabalho essa longevidade cíclica está em sua crítica às hipóteses positivista e cientificista subjacentes à maior parte das políticas de reforma socialistas ou sociais. Tal abordagem do conhecimento sustenta a crença no Estado como o principal, e às vezes único, agente de justiça social. Na medida em que a esquerda não desenvolveu uma teoria e prática da transformação, regulamentação e cooperação sociais que possam dar conta do caráter prático e tácito do conhecimento social e econômico, e portanto dos limites do conhecimento do Estado e do partido (conhecimento de cima para baixo), então, sempre que regimes de Estado de esquerda deixam de prover a justiça social que prometem, o neoliberalismo reaparece em cena e *The Road to Serfdom* volta com uma capa nova.

Fica mais claro o apelo de Hayek aos intelectuais liberais no período de oposição, e numa escala bem mais ampla, imediatamente após 1989, quando se é capaz de vislumbrar a cultura política dos anos 20 em Viena, quando ele começou a desenvolver seus temas centrais, e de compreender os debates sobre a viabilidade do socialismo de que ele participou por toda a vida. Um breve desvio histórico ajuda a explicar a capacidade de resistência de suas idéias: por exemplo, seu caráter abrangente, incluindo filosofia, psicologia, economia e políticas constitucionais; o tom intencionalmente político e moral de grande parte de seus textos; e o fato de que diversos dos temas que debateu com os teóricos socialistas ficaram sem resolução.

A Viena Vermelha e a formação de um neoliberal

É uma ironia que um escritor cuja obra enfatizava o caráter não intencional dos resultados sociais do comportamento individual viesse a ter uma influência que refletisse tão bem as intenções de toda a sua vida. As metas de Hayek foram traçadas nos debates altamente politizados da Viena Vermelha, logo após a Primeira Guerra Mundial, a queda do Império austro-húngaro e a Revolução Bolchevique. O liberalismo austríaco havia fracassado e o socialismo, assim como o nacionalismo xenófobo, estavam em ascensão. Desde jovem, Hayek fez da recuperação e renovação do liberalismo do livre mercado e da derrota do socialismo os princípios orientadores de seu trabalho intelectual.

Após o serviço militar, um doutorado bem-sucedido em direito e ciência política na Universidade de Viena, e um ano em Nova York, Hayek, então com 25 anos, entrou para o *Privatseminar* de Ludvig Mises, que ganhava a vida não na universidade, mas como secretário da Câmara de Comércio de Viena.[2] Nessa época, Hayek era uma fabiano moderado, de formação acadêmica liberal e pouco aristocrática. A polêmica de Mises contra a viabilidade de uma economia socialista, *Economic Calculation in the Socialist Commonwealth*, fez com que ele se voltasse contra qualquer intervenção estatal sustentada no mercado — para proteger o mercado de interesses particulares. Compartilhar de tal posição intelectual automaticamente pôs Hayek em conflito com a ortodoxia socialista e social-democrata predominante. Acompanhando os passos de Mises, ele se tornou um ativista intelectual: lutou contra a intervenção estatal não só na Áustria, como também em Londres, para onde Lionel Robbins o convidou nos anos 30 especificamente para fortalecer a resistência neoliberal a John Maynard Keynes. Depois da Segunda Guerra Mundial, ele encontrou uma base mais pacífica e receptiva em Chicago.

Os liberais presentes nesses debates, notadamente Mises, e depois Hayek, eram influenciados por uma profunda nostalgia do mundo perdido: a época do liberalismo constitucional da última metade do século XIX, cujos líderes julgavam que poderiam presidir o desmantelamento ordenado do Império dos Habsburgo.[3] O projeto intelectual de Mises e Hayek era, conscientemente, recolocar no terreno recém-agitado do século XX, os trilhos intelectuais que guiariam a sociedade de volta à ordem civilizada que as forças sociais ignorantes e primitivas haviam perturbado. O liberalismo inicial, na visão de Hayek, não tivera consciência suficiente de suas conquistas; dera espaço a forças de militância da classe trabalhadora e a um nacionalismo xenófobo que não sabia como controlar. A tarefa que Hayek se impôs era a de tornar o liberalismo constitucional do livre mercado consciente de si mesmo — e colocar os gênios malignos de volta à garrafa constitucional.

A cultura que cercava as tentativas de Hayek de recuperar e renovar o liberalismo apresentava duas vantagens.

Em primeiro lugar, estimulava um tipo de debate intelectual voltado diretamente para os principais problemas enfrentados pela sociedade. O Seminário Bohm-Bawerk, outro dos famosos *Privatseminars* de Viena, foi conduzido por pensadores inovadores, desvinculados de qualquer instituição, que circulavam livremente nos ambientes acadêmico, político e comercial, trazendo para o seminário as preocupações de cada um deles. Fizeram parte dele liberais como Carl Menger, fundador da escola austríaca de economia, e Friedrich Weiser, bem como o liberal Bohm-Bawerk, que se tornou ministro das Finanças no primeiro governo da República austríaca. Joseph Schumpeter, o social-democrata corporativista que foi por um breve período Ministro das Finanças, também participou dos debates. Mises e Hayek encontraram forte oposição em economistas socialistas como Otto Bauer, Karl Renner e Rudolf Hilferding. Bauer e Renner trabalharam também para o governo austríaco, Bauer na qualidade de Ministro das Relações Exteriores e chefe da Comissão de Socialização, e Renner como o primeiro chanceler do governo provisório de 1918.

Em segundo lugar, o caráter culturalmente pluralista dos *Privatseminars* estimulava os estudiosos a usarem com segurança recursos de várias disciplinas intelectuais diferentes para fortalecer suas argumentações. As visões econômicas de Hayek, por exemplo, fundamentam-se em uma compreensão da epistemologia, ainda que falha. O trabalho de Carl Menger, que exerceu grande influência em Hayek, é um exemplo dessa utilização de uma ampla gama de recursos intelectuais. Sua teoria subjetivista do valor alcançou uma posição de destaque na escola austríaca de economia. Com noções extraídas da história, da psicologia e da filosofia, ele atacou as ortodoxias da época, afirmando que a fonte de valor — em sua visão, o princípio unificador central da economia — não era uma característica objetiva de uma coisa ou de sua produção, tal como o valor da capacidade de mão-de-obra que envolvia, mas sim a preferência subjetiva individual. Em outras palavras, o único valor que um bem possui, de acordo com Menger, é a sua importância para um indivíduo.[4]

O debate da escola austríaca com o socialismo

Embora Menger e a escola austríaca tenham desenvolvido sua teoria do valor como alternativa às teorias do valor do trabalho, de Karl Marx e David Ricardo, eles inicialmente não atacaram a idéia do socialismo. Alguns eram pragmaticamente a favor de um grau de intervenção de um Estado social-democrata ou liberal para influenciar o comércio, estimular alguns setores dos negócios e remediar as brutais desigualdades. Após a Revolução Russa e o governo de esquerda da República austríaca, porém, o funcionamento de uma economia socialista tornou-se foco de debates apaixonados.

A crítica de Mises à possibilidade de uma economia socialista se baseava em um argumento central. Ele argumentava que todas as mesmas variáveis econômicas — por exemplo, demanda do consumidor e escassez de recursos — que orientam a aplicação de recursos em uma economia capitalista deviam necessariamente ser levadas em conta também no socialismo. Era ingenuidade, segundo Mises, esperar que a moeda e os preços desaparecessem por muito tempo sob o socialismo: uma vez que pessoas têm preferências diferentes e os socialistas têm como objetivo satisfazer os desejos do consumidor, a alocação de bens do consumidor só poderia ser adequadamente alcançada recorrendo-se a algum sistema monetário e de preços. As combinações infinitas e constantemente mutáveis da demanda e dos recursos jamais poderiam ser previstas por um sistema de planejamento central.

A mais poderosa resposta socialista, nos termos estabelecidos por Mises para o debate, veio dos economistas poloneses Oskar Lange e A.P. Lerner, aliados ao economista socialista britânico H.D. Dickinson. Em lugar de defender a teoria do valor do trabalho como uma base para a alocação de recursos, eles adotaram os principais pressupostos da economia neoclássica de Marshall, para a criação de condições para a concorrência perfeita: ou seja, informações perfeitas, liberdade de entrada e saída, e possibilidade do método de tentativa e erro na determinação dos preços dos recursos. Eles (Lange de maneira mais consistente) desenvolveram um modelo no qual um quadro de planejamento central iria administrar preços de fatores de empresas de propriedade do Estado de um modo que, através do processo de tentativa e erro, imitasse o mercado capitalista, mas sem maximização de lucros. Lange estava preocupado com a construção de um modelo de economia socialista capaz não só de fazer tudo o que o capitalismo podia fazer, mas também de preencher objetivos sociais que estavam além das capacidades do capitalismo. O conselho de planejamento, substituindo o mercado, determinaria "preços-sombra" — assim denominados porque não refletem o mercado —, de tal modo que a quantidade fornecida seria equivalente à quantidade demandada. Os gerentes socialistas, como os capitalistas, teriam que produzir até que o custo marginal se equiparasse a esse preço. No entanto, o custo marginal em tal economia levaria em conta os custos sociais no orçamento de uma empresa, enquanto numa economia capitalista eles são tratados como externos aos cálculos econômicos de uma empresa. Esta teoria foi desenvolvida pouco antes da Segunda Guerra Mundial. A experiência da economia de guerra reforçou a fé difundida nas vantagens da administração centralizada, e a forma do socialismo de mercado de Lange foi, na maior parte do período pós-guerra, amplamente aceita. Os argumentos de Mises e de seu *protegé*, Hayek, foram marginalizados.[5]

O argumento de Hayek, superando as premissas da escola austríaca, trouxe uma nova e revolucionária perspectiva ao debate: a da investigação do próprio caráter do conhecimento econômico. Até recentemente, socialistas e neoclássicos vinham ignorando seus argumentos. A maior parte dos socialistas europeus de todas as correntes podia ignorá-los porque, no período do pós-guerra, a história parecia estar mais ou menos do lado deles. Os neoclássicos não se interessaram pelo assunto porque a preocupação crescente com os modelos econométricos havia produzido um soerguimento da economia — uma vez que as economias do mundo real estavam em franca ascensão, ninguém tentou mexer em nada. As tentativas de Hayek foram vãs.

A teoria do conhecimento de Hayek

O argumento central de Hayek diz respeito ao caráter do conhecimento e da ordem social. Sua teoria do conhecimento afirma que, devido à própria natureza do conhecimento econômico, nenhum cérebro único, individual ou coletivo (e ele poderia ter acrescentado agora o sistema computadorizado), é capaz de conhecer todos os fatores relevantes para as decisões econômicas que possam vir a tomar. Da mesma forma, uma autoridade única não pode centralizar com eficácia o conhecimento dos indivíduos. O principal elemento do conhecimento economicamente relevante é, de acordo com Hayek, o "conhecimento do tempo e da circunstância". Em geral o que é tácito — "coisas que se sabe mas não se pode dizer" — muitas vezes é efêmero e sempre passível de erro. Como conseqüência, socialmente podemos entrar no mundo às cegas: nunca somos capazes de saber as seqüelas sociais de nossas ações. Com base nisso, precisamos entender a ordem social e o desenvolvimento social — em particular o desenvolvimento da propriedade privada e do mercado — como resultados casuais da atividade dos indivíduos. Sua evolução é resultado da experiência não-intencional. Qualquer tentativa de projetar ou planejar um resultado social interfere nos processos naturais da civilização tal intervenção é imoral e pode ter conseqüências danosas.

As conclusões teóricas a que Hayek chegou sobre o caráter "livre" dos mercados capitalistas existentes foram bastante criticadas em suas bases histórica e empírica, revelando o elemento de construção social consciente envolvido na formação das instituições de mercado.[6] Porém uma nova compreensão do conhecimento e de sua produção, distribuição e utilização social e econômica não foi claramente proposta para combater a teoria política e econômica neoliberal e tampouco usada para fundamentar a defesa da organização social e econômica cooperativa e democrática. A ausência de tal desafio permite que a questão do livre mercado exerça um fascínio filosófico e moral totalmente fora de proporção em relação à sua viabilidade econômica e social.

Os economistas austríacos rejeitaram o pressuposto das informações perfeitas em seus estudos sobre o valor, concluindo que o conhecimento dos custos dos recursos era tão passível de erros que o valor subjetivo de um bem para o indivíduo poderia ser o único indicador confiável do valor. Porém, eles não concluíram seus estudos sobre as implicações desse raciocínio para a compreensão do funcionamento da economia como um todo. Hayek, por sua vez, não apenas questionou o pressuposto das informações perfeitas como também transformou o problema da informação ou, de maneira mais abrangente, do conhecimento — na questão fundamental da economia. Para ele, este era um problema intrínseco à natureza do conhecimento humano: "O caráter peculiar do problema de uma ordem econômica racional é determinado precisamente pelo fato de que o conhecimento das circunstâncias das quais temos que fazer uso nunca existe de forma concentrada ou integrada, mas somente como fragmentos dispersos de um conhecimento incompleto e em geral contraditório que todos os indivíduos, separadamente, possuem. O problema econômico da sociedade não é, dessa forma, como alocar recursos "dados"... E sim como garantir o melhor uso dos recursos conhecidos de quaisquer dos membros da sociedade, para fins cuja importância relativa somente esses indivíduos conhecem. Em resumo, o problema relevante é o da utilização do conhecimento que não é dado a ninguém em sua totalidade."[7]

Assim, Hayek transformou completamente o debate sobre o socialismo, criticando as hipóteses racionalistas ocultas dos neoclássicos, bem como o racionalismo ativo dos engenheiros sociais. Ele aprofundou a crítica da escola austríaca a essas tradições ao não se limitar apenas à ênfase original na determinação subjetiva do valor. Reiterou a importância do liberalismo econômico ao defendê-lo com uma crítica aos pressupostos que este previamente compartilhara com o socialismo de Estado e que o tinham tornado vulnerável a argumentos estruturados — como o de Lange — de forma racional.

O caráter do conhecimento

A teoria de Hayek repousa sobre uma visão distinta do caráter do conhecimento. Segundo Hayek, tanto os neoclássicos quanto os engenheiros sociais basearam-se em uma idéia da ciência que tornou o problema do conhecimento ilusoriamente simples. Ambos encaravam a ciência segundo o modelo positivista, isto é, como um acúmulo de leis que descrevem regularidades empíricas. Essas leis formavam o núcleo do conhecimento válido — tudo o mais era mera aproximação. Assim, o conhecimento cotidiano não passava de conhecimento científico grosseiro e imediato, ou pura especulação. Com base nisso, o conhecimento economicamente relevante poderia, *em princípio*, ainda que irrealista na prática, estar disponível a todos, como supunham os economistas neoclássicos. E certamente, se o conhecimento econômico era uma questão de generalizações e acúmulos, então poderia ser centralizado. Fossem quais fossem os problemas práticos de medição, nada havia no caráter do conhecimento em si que o tornasse impossível de ser centralizado.

Hayek questionou a idéia de conhecimento que sustentava esse empenho reformador por influência de Ernst Mach e sua visão do conhecimento como *dados perceptíveis da experiência* singulares a cada indivíduo. Mais tarde, seria influenciado por Michael Polanyi e suas análises do conhecimento tácito, "aquelas coisas que sabemos mas não podemos dizer". Hayek argumentava que o conhecimento científico — o qual ele via principalmente, como uma questão de classificação dos fatos, ou *dados perceptíveis*, que podem ser classificados — não é tudo a que se resume o conhecimento. Ele observou que há um "corpo de conhecimento muito importante, mas não organizado, que não tem como ser chamado de científico, no sentido de conhecimento de regras gerais: o conhecimento das circunstâncias particulares de tempo e lugar". Seu paradigma é o conhecimento do empreendedor: por exemplo, o proprietário de um barco "que ganha a vida transportando pessoas em sua embarcação" ou "o corretor de imóveis, cujo conhecimento se resume ao aproveitamento de oportunidades temporárias". Embora a escola austríaca também tivesse formulado uma visão alternativa de valor, preço e equilíbrio, a preocupação de Hayek com o conhecimento abriu a questão de como os preços são formados, a que função se prestam na coordenação de uma economia e quais são os processos que favorecem o equilíbrio. Criticando seus predecessores na escola austríaca, ele argumentou que "é evidente, porém, que os valores dos fatores de produção não dependem somente da avaliação dos bens dos consumidores, mas também das condições de fornecimento dos vários fatores de produção".[8] E o conhecimento vital dessas, ele afirma, é unicamente individual.

Hayek afirmou que para se alcançar equilíbrio ou se trazia toda a informação dispersa para uma única autoridade central ou "se proporcionava aos indivíduos todo o conhecimento adicional de que precisassem para concatenar os seus planos com os dos outros". Já que o caráter do conhecimento torna a primeira opção impossível, o problema passa a ser qual a melhor maneira de pôr a última em prática. A resposta de Hayek é um mecanismo de preço não-regulado, cujos valores indicariam a importância relativa ou "taxas marginais de substituição" de diferentes produtos. Com base nisso, cada recurso escasso tem um índice numérico, um preço "que não pode ser derivado da propriedade de uma coisa em particular, mas que reflete, ou no qual está condensado, seu significado em vista de toda a estrutura meios-fins".

Crucial para a fé que Hayek deposita no mecanismo de preço não regulado enquanto meio de coordenação econômica, é a hipótese de que a informação de que o indivíduo precisa diz respeito simplesmente ao custo comparativo de um bem, e nada mais. Em uma economia que carece de regulamentação social democrática, isto é teoricamente o que o preço representa — embora freqüentemente, nas economias capitalistas modernas, represente uma série de cálculos estratégicos feitos por empresas com considerável poder oligopolista de mercado. Hayek pressupõe que o agente econômico, seja o consumidor, o empresário ou o trabalhador, não precisa, e nem quer, de informações sobre as condições dos trabalhadores ou as conseqüências do processo de produção no meio ambiente, por exemplo. É nesta interpretação estrita da informação economicamente relevante que se alega funcionar um sistema de preço, para "coordenar as ações isoladas de diferentes pessoas... Todo o sistema age como um só mercado, não porque qualquer um de seus membros supervisione todo o campo, mas porque seus campos de visão individuais limitados se superpõem o bastante para que através de muitos intermediários a informação relevante seja comunicada a todos". Hayek admira-se com esse sistema como uma forma de prescindir da necessidade de controle consciente. Pode não ser sempre perfeito, mas por ter se desenvolvido sem um planejamento consciente dos homens, não deve sofrer intervenção, principalmente devido ao caráter limitado do conhecimento humano.

Hayek conclui que o livre mercado é um produto espontâneo da civilização. Ele transforma essa reivindicação da teoria social em uma questão moral para o neoliberalismo: enquanto produto de contingências, e não de planejamento, ela não favorece nem discrimina ninguém. (As desigualdades, ao que se presume, são simplesmente os resultados casuais da atividade individual, que poderiam ser revertidas, em seu modelo, por uma nova jogada da sorte.) Para Hayek, o papel do Estado tem de ser, conseqüentemente, o oposto do da engenharia social. Em vez de remediar a desigualdade gerada pela justiça do mercado, seu papel tem de ser o de proteger a ordem espontânea. Os membros do mais alto escalão do Estado deveriam ser escolhidos com base nesse objetivo de proteção, sem interferir e evitando que outros interfiram. Hayek admite a existência de uma pequena assembléia de representantes regularmente eleitos, mas esta deveria ficar responsável apenas por impostos mínimos e pela manutenção da infra-estrutura básica e dos serviços sociais.

De acordo com os preceitos constitucionais de Hayek, haveria um órgão superior, composto de cidadãos do sexo masculino, capacitados e experientes, de preferência com mais de 40 anos de idade, para salvaguardar os produtos da evolução social. Eles deveriam disputar eleições a cada 15 anos, de modo a não ficarem sujeitos a pressões políticas que poderiam acarretar intervenções de grupos de interesse específicos. Ao que parece, uma junta militar ou um governo parlamentar bem protegido seriam os equivalentes reais mais próximos desse arranjo ideal.

Inconsistências

Podemos observar dois problemas de consistência nas implicações lógicas da teoria sobre a produção e distribuição de conhecimento de Hayek e suas prescrições políticas e econômicas posteriores.[9] Por um lado, ele vê todos os monopólios ou tentativas de concentração do poder como uma ameaça à ordem espontânea. A condição econômica sob a qual tal ordem pode florescer é a "concorrência", que significa "planejamento descentralizado feito por pessoas isoladas". É com desdém que ele descreve a "casa que fica a meio caminho entre as duas coisas, a respeito da qual muita gente fala, mas poucos apreciam quando vêem... [explicitamente] a delegação do planejamento a empresas organizadas, ou, em outras palavras, monopólios".[10]

O problema de sua teoria, porém, é que os monopólios desenvolveram-se a partir do mercado capitalista. Em um certo sentido, os monopólios ou oligopólios nos negócios poderiam ser compreendidos como evoluções naturais da concorrência capitalista; no entanto, também se tornam fonte de poder para levar a cabo projetos econômicos conscientes e calculados, que afetam o resto da economia. Nesse caso, a ordem espontânea carrega consigo as sementes da própria destruição. Ou, como se poderia argumentar, as concentrações de riqueza e poder econômicos são produto de tentativas conscientes anteriores de dirigir a ordem econômica. Em ambos os casos, tornam-se focos de poder onisciente, apropriando-se do conhecimento de outros — trabalhadores, consumidores, concorrentes, fornecedores —, exatamente como tantas instituições estatais. De qualquer modo, é caso, nas palavras de Hayek, para alguma intervenção estatal proibitiva. Mas a limitação de Hayek ao alcance da democracia e da tomada de decisões pública consciente significa que ele não oferece bases para decidir quais produtos da ordem espontânea poderiam sofrer intervenção.

Outra maneira de colocar isto é dizer que as críticas de Hayek à abstração da teoria do equilíbrio neoclássico são incompletas. Ele aponta características do mundo real, em particular o caráter do conhecimento humano, para se obter uma compreensão mais próxima de *como* e sob que condições as economias tendem ao equilíbrio, mas ignora avanços econômicos da vida real que abrem a possibilidade de se influenciar o *tipo* de equilíbrio a que se chega. Na obra *The Constitution of Liberty*, ele coloca sua visão pessoal, argumentando que os monopólios das empresas são de certa forma benignos e com certeza não tão prejudiciais quanto os monopólios do trabalho e do Estado. Mas isso, segundo seu próprio sistema teórico, é uma opinião arbitrária, governada mais por sua animosidade em relação ao socialismo do que pela lógica.

Contudo ele de fato expressa desconforto em relação à controvertida questão do monopólio. O que é realmente necessário, argumenta a certa altura, é que todos trabalhem por sua própria conta. Somente assim todos experimentam e compreendem o funcionamento do mercado, desenvolvendo as capacidades e a ética moral das quais ele depende: disposição de correr riscos, perspicácia para aproveitar oportunidades de negócios, o hábito de poupar e a autodisciplina. O mercado, na visão de Hayek, é uma máquina de auto-educação. Ele reconhece que as gigantescas corporações monopolísticas criam um problema no sentido de que seu crescimento significa uma grande população de funcionários relativamente protegidos, que estão despreparados para o mercado e até mesmo inclinados ao socialismo. Contudo, Hayek não está preparado para seguir um caminho consistentemente liberal, no sentido de favorecer uma legislação que disperse concentrações de riqueza.

Existe outra inconsistência em sua perspectiva no que diz respeito à organização das empresas. Ele afirma que o principal problema da economia é a identificação dos mecanismos para a utilização plena do conhecimento econômico da população. Sua noção da população economicamente ativa parece estar restrita a seu ideal (o empreendedor autônomo ou o agente comercial) e não incluir a realidade de um setor significativo da população engajado no trabalho assalariado. Nenhum de seus modelos de atividade econômica — por exemplo, proprietários de barcos de transporte e corretores de imóveis — indica qualquer conhecimento do caráter social da produção em si, são todos tirados do comércio. Hayek parece não querer reconhecer uma fonte vasta, freqüentemente subutilizada, de conhecimento tácito: o conhecimento dos trabalhadores assalariados.

Eis uma omissão reveladora: a base de sua teoria é muito limitada e envolve uma contradição fundamental, que só pode ser explicada ou pelo fato de a ordem espontânea que Hayek tem em mente ser, no fundo, feita de agentes individuais, comerciais e econômicos concorrentes, ou pela hipótese implícita colocada por Frederick Wilmslow Taylor de que todo o conhecimento economicamente relevante implícito na habilidade do trabalhador pode ser codificado pela gerência, não existindo portanto independentemente do empresário. Mas isso vai totalmente contra a abordagem geral de Hayek ao conhecimento. Se o Estado não é capaz de codificar o conhecimento do empresário devido ao próprio caráter do conhecimento humano — e não, por exemplo, à natureza das relações sociais de poder — então como o empresário pode codificar adequadamente o conhecimento dos trabalhadores?

Questionar a organização do conhecimento na produção (isto é, dentro da empresa) levanta sérios problemas para a confiança de Hayek no preço como *o* meio de comunicação da informação econômica. A organização interna da empresa se sujeita ao mercado e, portanto, ao funcionamento do mecanismo de preços, mas envolve outras relações econômicas, além do preço — disciplina, supervisão, treinamento, várias formas de colaboração —, utilizando ou deixando de utilizar conhecimento tácito e experimental. Dependendo do tamanho e do poder de mercado da empresa, essas podem ter uma influência grande no preço, o que levanta a possibilidade de escolhas entre tipos diferentes de relações econômicas de acordo com uma gama de critérios conscientemente escolhidos, inclusive quanto a se favorecem ou não a utilização do conhecimento — possibilidade eliminada segundo a noção de ordem espontânea de Hayek. Mas e se essa ordem espontânea produzir formas de organização da produção que buscam centralizar o conhecimento, sem levar em conta o conhecimento tácito ou experimental de um setor da população? E se essa ameaça vier, não do Estado, dos sindicatos ou de algum protagonista coletivo associado ao socialismo, mas dos protagonistas dominantes no mercado capitalista? Estarão os velhos sábios da Câmara Alta de Hayek preparados para intervir?

Subjacente a essas inconsistências ou, para falar de forma menos crítica, "tensões" da teoria de Hayek, encontra-se uma contradição mais fundamental: entre o valor que ele reconhece na liberdade individual e intervenção humana, de um lado, e sua teoria da evolução e o valor que ela o leva a reconhecer na ordem social, do outro. Sua negação de alguma relação direta, ainda que incompleta, entre a intenção humana e o produto social, e sua afirmação de que o resultado da atividade humana é completamente casual, com efeito transformam o acaso no principal mecanismo da evolução social. Democracia e escolha social tornam-se redundantes. Com base nisso, a evolução social difere muito pouco da evolução natural. A única diferença está em que os seres humanos, ou pelo menos os sábios e maduros representantes masculinos da raça humana, protegidos das pressões vulgares do povo, podem descobrir as tendências da evolução e conscientizar a sociedade a respeito delas. Assim, de fato, os argumentos de Hayek o levam, apesar de seu ponto de partida libertário, a privilegiar a ordem em detrimento da intervenção humana. Suas estranhas propostas constitucionais não são excentricidades de velho; elas refletem as prioridades finais de seu sistema teórico e orientaram a prática política de seus discípulos, do general Pinochet a Margaret Thatcher.

O individualismo da teoria do conhecimento de Hayek

O principal pressuposto que conduz Hayek a essas inconsistências é o tratamento que ele dispensa ao conhecimento enquanto um atributo individual, e não um produto social. Ele o vê quase que como uma característica física, como se mente e corpo fossem uma coisa só e o conhecimento do indivíduo fosse o que eles experimentam de maneira atomística e única. Hayek enaltece o mecanismo do preço porque ele torna possível "não só uma divisão do trabalho, mas também uma utilização coordenada de recursos baseada no conhecimento igualmente dividido".[11] O conhecimento só poderia ser visto como igualmente dividido dessa maneira apriorística se fosse entendido como uma característica dada da existência de um indivíduo.

Hayek é mais explícito a respeito desse sentido de um limite experimental do conhecimento do indivíduo quando justifica seu tipo específico de individualismo em contraposição que vê como o individualismo racionalista de John Stuart Mill — a quem ele indiscriminadamente associa a escritores franceses tais como os enciclopedistas e Jean-Jacques Rousseau, que não reconhecem limites para a racionalidade humana. Hayek afirma existir um "fato indiscutível que ninguém pode esperar alterar e que, por si só, é base suficiente para as conclusões dos filósofos individualistas: as limitações *constitucionais* do conhecimento e dos interesses do homem, o fato de que ele não pode saber mais do que uma ínfima parte do todo da sociedade e que, portanto tudo o que pode participar de seus motivos são os efeitos imediatos que suas ações terão na esfera que ele conhece. Todas as possíveis diferenças nas atitudes morais dos homens resultam em pouca coisa, no que diz respeito ao seu significado para a organização social, comparadas com o fato de que tudo que a mente do homem pode eficazmente compreender são os fatos *do limitado círculo do qual ele é o centro*" [grifos nossos].[12]

O que é significativo a respeito dessa afirmação não é seu reconhecimento dos limites da razão humana, mas a natureza dogmaticamente experimental e, portanto, individual, desses limites, eliminando, corretamente, possibilidades de total racionalidade e conhecimento completo, mas também, e incorretamente, de ação social para compartilhar informações e ampliar o conhecimento dos indivíduos através de associações criadas com esse propósito.

Essa hipótese dogmaticamente individualista é crucial para a conclusão de Hayek a respeito do caráter falho do conhecimento: entramos no mundo socialmente às cegas. Para Hayek, a natureza do conhecimento humano é tal que não só não podemos ter certeza das conseqüências sociais de nossos atos, como não podemos sequer nos aproximar de tal conhecimento através de sua combinação com outros, permitindo uma ampliação de nossa visão para garantir que nossos atos possam atingir sua meta. Para Hayek, ao contrário, as estruturas sociais que criamos foram desenvolvidas de forma inteiramente inintencional. A hipótese de que o conhecimento é um atributo individual é dessa forma essencial à sua conclusão de que a ordem social é o "resultado casual de nossa atividade individual" — e à implicação de que o acaso, e não os projetos sociais conscientes, é o mecanismo legítimo da evolução social, o grão para o moinho da tentativa e erro.

Se o conhecimento é visto como produto social, a base da argumentação de Hayek para a defesa do livre mercado começa a desmoronar. Pois se o conhecimento é um produto social, então ele pode ser socialmente transformado pela ação das pessoas — a colaboração, o compartilhamento, a combinação de conhecimentos — para superar os limites ao conhecimento que elas individualmente possuem. Evidências empíricas corroboram esta afirmação mesmo na esfera do mercado, é o paradigma de Hayek da ordem criada apesar da cegueira de cada indivíduo.

Consideremos dois casos, ainda que diferentes nos aspectos político e econômico, em que organizações sociais foram criadas com sucesso por protagonistas econômicos e políticos, especificamente para compartilhar informações, ampliar seu conhecimento do cenário econômico e desse modo aproximar-se de seus objetivos econômicos.

No Japão, por exemplo, as principais empresas e o Estado criaram uma instituição econômica central, funcionando em sistema de rede, para a elite econômica, uma parte do Ministério da Indústria e Tecnologia que facilita o intercâmbio de planos, informações sobre mercados internacionais e áreas de interesse mútuo tais como relações trabalhistas e desenvolvimento tecnológico. Os participantes desse processo criaram redes informais adicionais que dão continuidade à troca de informações. Essas densas redes de conhecimento ligando a elite do Japão são um ingrediente vital no sucesso da competitividade de sua economia. Mas ninguém poderia chamá-las de espontâneas. Com certeza trouxeram muitos benefícios não intencionais à gerência das corporações japonesas e ao Estado (e sem dúvida contribuíram para a natureza corrupta da política japonesa), mas não há dúvida de que foram intenções de intervir no mercado que impulsionaram o processo.

O segundo exemplo é o da indústria têxtil florescente em Módena, perto de Bolonha, na Itália. Lá as pequenas empresas e cooperativas (bastante próximas, de certa forma, do ideal de autonomia de Hayek) associaram-se (em vez de contarem somente com seus próprios *dados perceptíveis* e perspicácia) para montar um Centro Têxtil e obter informações a respeito de tendências e tecnologia no mercado têxtil internacional. O Centro compartilha essas informações com todos os filiados. Mais uma vez, eis uma tentativa consciente e bem-sucedida de superar os limites da experiência individual e obter um quadro mais completo do ambiente econômico. Não existe presunção de onisciência, mas sim uma determinação de compartilhar e combinar as visões da experiência individual com o fim de atingir objetivos comuns.

Epistemólogos e filósofos da ciência — e de modo mais notável outro austríaco, Ludwig Wittgenstein — há muito desafiaram convincentemente a visão individualista de conhecimento, atribuída a Mach, e que constitui o fundamento da teoria de Hayek.[13] As noções filosóficas se deparam com muitas defasagens de tempo socialmente determinadas e se uma idéia é confirmada na experiência diária das pessoas, é um fator importante. Por exemplo, muito tempo depois de Galileu ter provado, para a satisfação da comunidade científica, que a terra girava em torno do sol, a idéia oposta — que é compatível com a experiência do dia-a-dia — continuou a dominar o senso comum.

Em sociedades como as da Europa central e oriental, onde a maioria das pessoas tinha poucas opções além da de viver uma espécie de exílio particular, participando, conscientemente, de apenas um pequeno círculo de amigos, a compreensão individualista de Hayek do conhecimento não contrariava a experiência do dia-a-dia, não parecia absurda e não colocava obstáculos no apelo que tem o conjunto de sua filosofia social. Mas essas circunstâncias agora estão mudando.

As diferentes experiências do Ocidente, das quais o Japão e a Itália são exemplos, explicam por quê, mesmo quando as prescrições econômicas neoliberais foram amplamente difundidas, nos anos 80, a filosofia de Hayek não decolou. O apoio da elite econômica ocidental à economia neoliberal — em especial a medidas de desregulamentação do mercado — são mais uma função da internacionalização do capital do que da filosofia de Hayek do livre mercado. A Grã-Bretanha, cuja economia nos anos 70 e início dos 80 era notadamente ideológica, foi um caso incomum no Ocidente. Em alguns aspectos, se assemelhava aos desdobramentos posteriormente ocorridos no Leste, no tocante à estrutura conceitual fornecida por Hayek e usada para vender a economia monetarista como cruzada moral e ideológica.

A democratização do conhecimento

As evidências de consideráveis variações sociais na organização do conhecimento e de ações intencionais para transformar a produção e a distribuição de conhecimento existentes não validam uma visão positivista do conhecimento como, em princípio, sempre codificável e centralizável. Antes, indicam a necessidade de uma teoria da organização social do conhecimento que leve em consideração a visão essencial de Hayek sobre o fluxo contínuo de conhecimento não codificado e muitas vezes não codificável, mas que rejeite sua hipótese dogmática de que esse conhecimento é constitucional e irremediavelmente individual.

O reconhecimento do caráter social do conhecimento implica que, dependendo de sua distribuição e organização, as pessoas podem, através da cooperação social, aumentar sua compreensão das conseqüências sociais de suas ações, mesmo que elas nunca possam ter certeza de cada detalhe destas conseqüências. Isto, por sua vez, implica que as pessoas são capazes de influenciar propositalmente a sociedade, com algum (ainda que limitado) conhecimento do resultado, e que esse conhecimento pode ser sempre aperfeiçoado. Qualquer arranjo social específico torna-se, assim, não o resultado casual da atividade individual, mas um resultado cuja relação com as intenções dos protagonistas humanos envolvidos deve estar aberta à investigação empírica. Poderia ser o resultado mais ou menos intencional, dependendo do quão abrangentes sejam o entendimento dos protagonistas e o alcance de suas fontes de poder de ação.

Uma compreensão do conhecimento que reconhece suas condições socialmente variáveis de produção e distribuição também torna possível uma teoria alternativa de evolução social radicalmente distinta da evolução natural, mas sem pressupor uma mente ou coletividade que projete, que dirija; ela envolveria um reconhecimento de que a evolução social é resultado de tentativas racionais, mesmo que nunca perfeitamente racionais, das pessoas de construir projetos sociais que são, então, sujeitos do processo de tentativa e erro. Essa compreensão permite ao indivíduo considerar uma ordem social que reconheça o papel distinto, para o bem ou para o mal, da ação e criatividade humanas.

Isso fornece uma base para nos perguntarmos qual a estrutura institucional para fazer funcionar as relações de mercado e que valores e mecanismos deveriam regular essas relações. Em outras palavras, retiramos o mercado privado do reino do sagrado — "o dedo de Deus", como um economista tcheco descreveu a concepção popular de mercado — para o do profano: instituições específicas historicamente modeladas e, portanto, passíveis de serem transformadas.

Podemos também separar o ideal do socialismo das conjecturas, implícitas ou explícitas, de um agente político onisciente e abrir a possibilidade de formas de regulamentação e controle sociais que utilizem o conhecimento prático e reconheçam sua falibilidade. O Estado onisciente, por mais formalmente democrático que seja, tem sido uma poderosa fantasia em muitas mentes socialistas. A hipótese de que todo o conhecimento necessário a uma transformação socialista da sociedade pode ser codificado, transformado numa visão geral da sociedade e trazido para um processo único mais ou menos democrático está subjacente a todas as ambições reformistas e revolucionárias do fabianismo e do leninismo, respectivamente, em suas várias formas. Os debates no universo dessas tradições políticas se concentram no quanto da sociedade o Estado deveria controlar ou sobre que tipo de Estado deveria exercer este controle. Mas todas elas têm compartilhado a crença na possibilidade, na verdade desejo de um único processo de planejamento econômico e social naquelas esferas em que a intervenção do Estado é considerada necessária. A idéia de "autonomia" ou de formas de rede horizontais de coordenação não fazem parte de seu vocabulário. Além disso, a noção de uma liderança que conhece as leis de desenvolvimento social é capaz de centralizar o conhecimento da sociedade é comum às concepções de partido, sejam parlamentares ou bolcheviques.[14]

Desde 1968 estas concepções têm sido desafiadas, na teoria e na prática. Os movimentos sociais que surgiram durante e depois de 1968 — os movimentos estudantil, feminista, pela paz, ecológico e outros com bases comunitárias —, juntamente com organizações de trabalhadores motivadas pelo colapso do *boom*, produziram um desafio popular cumulativo a todas as formas oniscientes de socialismo. Ao mesmo tempo, muitos deles compartilharam os valores originais igualitários e democráticos do socialismo. Uma das características que têm em comum é a afirmação prática de uma visão alternativa de conhecimento, tanto a que sustenta o direito ao livre mercado quanto a que deu às experiências socialistas de Estado um sentido de certeza. Uma visão alternativa do conhecimento é essencial, como ilustram as idéias de Hayek, para uma visão alternativa de organização econômica, administração de Estado e ação política. O radical inglês William Morris uma vez descreveu homens e mulheres como "agentes sempre frustrados e sempre ressurgentes de uma história sem dono". Uma descrição apropriada do sentido de propósito, dotado de um espírito de consciente experimentação, da nova esquerda.

NOTAS

1. Ver Seymore Martin Lipset, *Political Man* (Londres, 1960), p.403-5; sobre o *Congress for Cultural Freedom* ver William Blum, *The CIA: A Forgotten History* (Londres, 1986).

2. Fritz Machlup, "Ludwig Von Mises: The Academic Scholar Who Would Not Compromise", *Wirtschaftpolitische Blätter*, 28, 4 (1981), p.6-13; Kari Polanyi-Levitt e Marguerite Medell, "Origins of Market Fetishism", *Monthly Review*, junho de 1989.

3. Ver Ernst Fischer, *Opposing Man* (Nova York, 1974) e Karl Schorske, *Fin-de-Siècle Vienna: Politics and Culture* (Londres, 1961).

4. Para um sumário de *The Principles of Economics*, de Carl Menger, e de *Principles of Economic Theory*, de Alfred Marshall, ver em Eatwell, Millgate e Newman (orgs.,) *The New Palgrave Dictionary of Economics*, (Londres, 1987).

5. Para um sumário do debate do cálculo ver "Economic Calculation Under Socialism: The Austrian Contribution", de Karen Vaughan, em *Economic Enquiry* (1981), p.535-54; *Rivalry and Central Planning*, de Don Lavoie (Cambridge, 1985); "Fin-de-Siècle: Socialism After the Crash", de Robin Blackburn em seu livro *After the Fall* (Londres, 1991); "Capitalism or Barbarism: The Austrian Critique of Socialism", de Andrew Gamble, em *Socialist Register* (1985/6).

6. Ver, por exemplo, G. Hodgson, *Economics and Institutions* (Cambridge, 1988), e outros escritores influenciados pelo trabalho de Karl Polanyi, em especial *The Great Transformation* (Londres, 1944).

7. Frederick Hayek, "The Use of Knowledge in Society", em *Individualism and Economic Order* (Londres, 1949; publicado pela primeira vez em 1945), p.77-8.

8. Ibid., p.80.

9. Frederick Hayek, *The Constitution of Liberty* (Londres, 1960).

10. Frederick Hayek, "The Use of Knowledge in Society", em *Individualism and Economic Order* (Londres, 1949; publicado pela primeira vez em 1945), p.79.

11. Ibid, p.88.

12. Frederick Hayek, *Individualism and Economic Order* (Londres, 1949; publicado pela primeira vez em 1945), p.14.

13. Ludwig Wittgenstein, *Philosophical Investigations* (Oxford, 1963).

14. Ver Carmen Claudin-Urondo, *Lenin and the Cultural Revolution* (Sussex, 1977).

CAPÍTULO 3

Transformação de baixo para cima

O ano de 1968 foi o *annus mirabilis* da possibilidade política. Muitas questões diferentes surgiram nessa época em que as instituições da Guerra Fria foram rejeitadas pelos que, supostamente, deveriam herdá-las com gratidão. Mas foi também uma época em que alternativas ainda não estavam nitidamente definidas. A importância de algumas das características dessa revolta só se tornaria clara nos anos subseqüentes. Novas idéias e práticas na produção, organização e caráter do conhecimento são algumas delas. Alguns dos movimentos que se desenvolveram depois de 1968 questionaram as formas de conhecimento existentes de maneira mais consciente: em particular, o movimento feminista, o movimento ecológico e as redes de tecnólogos e ativistas de fábrica radicais que tiveram influência nos movimentos sindicalistas da Europa ocidental.

O questionamento dos tipos de conhecimento que sustentavam as hierarquias e rotinas da vida universitária — e sua relação com o Estado, a indústria e os militares — foi o tema central da revolta estudantil. A necessidade de poder de decisão para o planejamento dos cursos, por exemplo, desafiou os pressupostos do conhecimento de quem tinha relevância na tomada de decisões pública; as tentativas de incluir temas de urgência política imediata nos cursos levantaram questões a respeito de que tipos de conhecimento poderiam contar como válidos. Formas inovadoras de organização e expressão — laboratórios, *workshops*, a abolição do orador de tribuna em reuniões, trabalho de equipe, tudo isso agora bastante lugar-comum — foram o primeiro desafio público aos valores e métodos implícitos na organização dominante do conhecimento.[1]

Angelo Quattrochi retrata a experiência do ensino cada vez mais padronizado que deu origem a esse questionamento em sua descrição do Movimento de 22 de Março, o primeiro impulsionador dos *événements* nas salas de aula, e depois fábricas, de Paris em 1968. O Mouvement deu origem, segundo ele, a "estudantes de mãos frágeis e mentes preocupadas.

Estudantes... na universidade-fábrica onde dão respostas mas não fazem perguntas... Suas mentes são policiadas pela disciplina, patrulhadas pelos exames. Seus corações, congelados pela autoridade. Seu Estado dentro do Estado reproduz a sociedade da qual se vêem isolados. E, ainda assim, eles não possuem nada e a nada pertencem... Sua universidade reproduz a sociedade, reproduz a fábrica. Eles ameaçam seu funcionamento usando, alegre e ousadamente, os farrapos do saber que lhes são oferecidos, reconstroem pacientemente, no silêncio de seus quartos, as peças do quebra-cabeças que os quer obedientes e bem-comportados, respeitosos para com os mestres sérios e tristes, distantes do mundo exterior. Apesar disso, os instrumentos que lhes são oferecidos, por mais embotados que sejam por seus majestosos guardiões, falam de irreverência e revelam armadilhas, pistas falsas, espelhos que distorcem, barreiras, portões fechados. E no final da longa e empoeirada estrada: injustiça".[2]

A história completa da política dos movimentos sociais a partir de 1968, as rupturas e as continuidades, ainda está por ser escrita — pois é, provavelmente, por demais heterogênea para ser abordada em um só trabalho.[3] Para os meus propósitos, vou simplesmente traçar o que vejo como um tema crítico recorrente: o questionamento e a subversão do caráter e organização do que foi considerado conhecimento válido e, por conseqüência, única fonte legítima de autoridade.

Dessa crítica surgiram a inovação e a afirmação prática de alternativas; especialmente a afirmação, sejam quais forem suas formas *ad hoc* iniciais, da validade do conhecimento experimental, não simplesmente como fonte de instâncias empíricas, ou falsificações, de uma lei geral, mas como pistas, sinalizações e *stimuli* para aprofundar a compreensão e a inovação teórica. Aliada a isso havia uma tentativa de desmistificar o conhecimento teórico e defender uma abordagem pluralista ao seu desenvolvimento. Esses temas se fizeram notar nas atividades, idéias e formas de organização das revoltas estudantis e dos trabalhadores no final dos anos 60 e início dos 70, do movimento de liberação das mulheres e dos movimentos de emancipação sexual que surgiram na metade dos anos 70, das organizações de trabalhadores radicais que sobreviveram em muitos países até os anos 80, do movimento ecológico que se desenvolveu no final dos anos 70 e do movimento pela paz do início dos anos 80. As diferentes abordagens ao caráter e organização social do conhecimento faziam parte do que tornava esses movimentos "novos".[4]

A abordagem eclética, igualitária e, acima de tudo, social, que eles faziam do conhecimento subjazia a uma visão cética do Estado e do partido enquanto agentes exclusivos de mudança. A confiança na possibilidade de que fontes válidas de conhecimento adviessem das experiências subjetivas de opressão e exploração levou muitos dos participantes desses movimentos a acreditar firmemente, às vezes cegamente, em seu poder pessoal e coletivo de mudar o mundo. A novidade desses movimentos se encontrava em parte no fato de que, diferentemente de muitos outros desde a obtenção do direito universal de voto, eles não viam como seu papel principal exercer pressão sobre o Parlamento. Na verdade, na maioria dos países da Europa ocidental, sua identidade histórica característica é a de movimentos criados pela primeira geração de adultos depois de uma experiência sustentada de governos conduzidos por partidos que afirmavam representar a classe trabalhadora. Todos os novos movimentos queriam mudanças que não podiam ser alcançadas simplesmente pressionando estes governos para que dessem mais daquilo que eles, da melhor forma possível, já tinham providenciado.

Os novos movimentos foram singulares porque não lutavam por causas comuns. A revolta estudantil foi claramente, muito mais que um protesto contra a alta concentração de alunos nas universidades que gerou a insatisfação com o ensino de massa. As semelhanças dos *campi* dos anos 60 com fábricas eram um sinal de que a situação geral era crítica. As revoltas também não podem ser compreendidas simplesmente como uma explosão das expectativas frustradas da primeira geração que nunca conheceu o sofrimento da guerra e tinha todos os benefícios do Estado de bem-estar social e de uma economia em ascensão. Isso e a aparente estabilidade econômica prevista para seu futuro certamente ajudam a explicar a autoconfiança com que o movimento estudantil pretendeu mudar o mundo. Não caracterizam plenamente, porém, o amplo envolvimento de jovens trabalhadores, nem os reflexos indiretos que 1968 teve entre outros grupos sociais, menos privilegiados.

Uma pista para o especial significado das rebeliões que começaram no final dos anos 60 está no fato de que, onde quer que tenham surgido, elas desafiaram formas arbitrárias e injustificáveis de autoridade. Os novos movimentos constituíam um desafio para administrações que impunham a disciplina da linha de montagem; para reitores de universidade apegados a regras que tinham perdido toda função prática; para a burocracia dos sindicatos que não tinham contato com seus membros; para setores do Estado do bem-estar social que muitos dos usuários vieram a experimentar mais como formas de controle que como provedores de assistência; para as convenções sufocantes impostas por uma cultura formal bem como para as reivindicações incorrigíveis da tecnocracia. Uma característica comum dessas autoridades era sua apropriação do conhecimento — sua reivindicação de saber o que era bom para os estudantes; de determinar o lugar do trabalhador no processo de produção; de estabelecer os melhores interesses para as mulheres; de pretender controlar toda a vida material. Os movimentos que desafiaram essas autoridades contribuíram para um processo que, de diferentes ângulos econômicos, culturais e políticos, sacudiram os métodos de se governar, tanto públicos quanto privados, associados com as instituições pós-guerra.

Fordismo, taylorismo e administração centralizada

Os analistas que procuravam compreender as condições da estabilidade capitalista no período pós-guerra — notadamente entre 1945 e 1973 — e obter pistas sobre as causas do seu colapso classificaram as características predominantes das instituições econômicas e políticas como fordistas. Existe um consenso generalizado a respeito das características das tendências que influenciaram a organização da produção, consumo e Estado e que se originaram com Frederick Wimslow Taylor e Henry Ford nos anos 20, porém a influência dessas tendências foi histórica e geograficamente desigual.

No que diz respeito à produção, o fordismo significou um drástico afastamento dos modelos artesanais de desenvolvimento industrial do final do século XIX. Com Ford teve início a padronização. Com o sistema que ele estabeleceu na fábrica de automóveis River Rouge, em Detroit, os produtos eram padronizados, o que, por sua vez, exigia que as partes e tarefas da produção também o fossem. As tarefas padronizadas exigiam a criação de máquinas específicas para a produção em massa. E todos os serviços mecanizados ficaram sujeitos à "administração científica" de Taylor.

Qualquer habilidade absolutamente necessária para uma determinada tarefa era codificada pela administração, e cada tarefa dividida em partes componentes, de modo que os trabalhadores manuais sem qualificação pudessem ser precisamente instruídos quanto ao que fazer.

Tal método gerou um sistema de linha de montagem altamente produtivo no qual o produto passava pelo trabalhador, que executava sua tarefa de acordo com instruções. Tal sistema de produção envolvia altos custos iniciais ou fixos, apesar de os custos operacionais ou variáveis serem baixos. Para que tal sistema de produção fosse lucrativo, tinha de haver consumo em massa de grandes volumes de bens padronizados. A pressão para alcançar essas condições, por sua vez, influenciou o desenvolvimento de uma infra-estrutura favorável ao consumo privado em grande escala, principalmente nos Estados Unidos nos anos 20 e 30: uma predominância do transporte rodoviário privado sobre o transporte público. Além disso a necessidade de consumo em massa levou à expansão da publicidade, à medida que o fordismo atingia seu auge através dos setores de bens de consumo duráveis no final dos anos 40 e 50.

O New Deal de Roosevelt, nos EUA, e a gestão da demanda keynesiana e o Estado do bem-estar, na Europa, ajudaram a sustentar as condições para o consumo e a produção em massa. Estes são, portanto, compreendidos como características centrais do sistema fordista. Uma outra dimensão desse sistema diz respeito ao trabalho: os custos do capital fixo e as condições da linha de montagem para se obter a alta produtividade tornavam extremamente importante o controle da produção por parte da gerência. Onde quer que fosse, sempre que o fordismo era aplicado, seguiam-se greves e formas mais individuais, mas para a disciplina da linha de montagem, igualmente destrutivas — de resistência trabalhista. Após um certo período, chegou-se a um acordo mais ou menos explícito: altos salários em troca de controle administrativo.[5]

Os analistas do fordismo focalizam suas condições tecnológicas (linha de montagem, produção padronizada) e os requisitos macroeconômicos e políticos — consumo de massa e a disponibilidade de uma mão-de-obra saudável e alfabetizada. Subjacente a essas características de produção e consumo, porém, encontra-se uma metodologia e teoria do caráter do conhecimento, estabelecida da maneira mais sistemática por Taylor, nas décadas de 1890 e 1900, mas colocada em prática em organizações privadas e públicas somente meio século depois.

No fulcro dessa metodologia está a tese de que o conhecimento prático adquirido pelos trabalhadores no decorrer de seu trabalho é tal que não há obstáculo insuperável para sua codificação e centralização. "Cada ato único do trabalhador pode ser reduzido a uma ciência", diz Taylor em *The Principles of Scientific Management*.[6] Ele define o conhecimento científico na esfera da administração de tal maneira que "o desenvolvimento de uma ciência... envolve o estabelecimento de muitas regras, leis e fórmulas que substituem o julgamento do trabalhador individual". Taylor acredita não só que todo conhecimento prático de relevância econômica possa ser centralizado, como assim deve ser feito para torná-lo mais eficiente. Dessa forma, Taylor pôde se vangloriar de seu sistema ao afirmar que "o trabalhador recebe instruções detalhadas a respeito do que exatamente tem que fazer e de como fazê-lo; *qualquer melhoria que ele venha a fazer nas instruções que lhe foram dadas é fatal para o sucesso*" (grifos nossos). Taylor acredita que a administração é capaz de dar ao trabalhador essas instruções porque ela assumiu o fardo de "reunir todo o conhecimento tradicional que o trabalhador possuía no passado e classificar, catalogar e reduzir esse conhecimento a regras, leis e fórmulas".[7] Tais regras justificam a divisão precisa de tarefas, de tal modo que sua execução eficaz não dependa de nenhuma característica em particular do trabalhador individual.

Essas regras também fornecem uma base técnica "científica" e, portanto, supostamente neutra, para hierarquias rígidas de poder e autoridade: "Dessa forma, todo o planejamento feito (no passado) pelo trabalhador tem de ser feito pela administração de acordo com as leis da ciência. Também está claro que, na maioria dos casos, é necessário um tipo de homem para planejar e outro tipo inteiramente diferente para executar."[8] Desta forma, as metas de produção podiam ser alcançadas, presumia-se, com certeza e confiança mecânicas.

Não foi Taylor quem inventou a linha de montagem, cujo sucesso na indústria automobilística detonou a influência global e histórica de seus métodos. Mas suas idéias inspiraram Ford a formar realidade, mecanizada para precisa divisão do trabalho e a execução mecânica que sua ciência inspirava. Essa parceria não era de surpreender, pois o objetivo de sua ciência, sua definição de eficiência, estava totalmente de acordo com a exigência fordista de quantidade: "A prosperidade máxima", argumentava Taylor, "só existe quando o indivíduo alcança sua capacidade máxima de eficiência, ou seja, quando supera sua maior produção diária."[9]

O sucesso econômico do taylorismo, que se refletiu na espetacular produção da indústria automobilística dos EUA nos anos 20 e início dos anos 30, influenciou a administração de instituições públicas bem como privadas; tanto nas sociedades socialistas como nas capitalistas. Os princípios adotados por Ford para centralizar o conhecimento do trabalhador de fábrica foram também adotados por Lenin para centralizar o conhecimento dos agentes econômicos em amplos setores industriais. Lenin exaltava o taylorismo como um conjunto de princípios neutros para a eficiência produtiva e administrativa. Estes princípios se tornaram parte da metodologia administrativa soviética em todas as esferas sociais. Na Grã-Bretanha, as noções fabianas de planejamento e o modelo de corporação pública do ministro do Trabalho, Herbert Morrison, tinham suas medidas de eficiência e seus métodos centralizadores de administração apoiados fortemente em Taylor.

A certeza de que o conhecimento tecnológico dominaria a natureza e o caos social alcançou seu apogeu político no Ocidente em meados dos anos 60, com a confiança tecnocrata no governo trabalhista de Harold Wilson, na Grã-Bretanha, e no regime de John F. Kennedy nos Estados Unidos. A Quinta República francesa, com sua forma *dirigiste* de governo e seus poderosos monopólios, tornara-se um modelo de capitalismo tecnocrata moderno que todos queriam seguir. No Leste, uma fé equivalente, focalizando na economia de comando, chegou ao auge com a mobilização de recursos soviéticos para derrotar os nazistas durante a Segunda Guerra Mundial e concluir a industrialização do país. Com boas razões, a lembrança desta conquista exerceu uma poderosa influência. Porém, tempos depois, história, golpearia a confiança das elites dirigentes nos dois lados da Cortina de Ferro, em rápida sucessão: no Leste, foram as revelações dos crimes de Stalin, seguidas dos levantes reprimidos na Hungria, Polônia e, doze anos mais tarde, Tchecoslováquia; no Ocidente, foi o Vietnam e a derrota americana por um exército de camponeses, gerando manifestações de revolta no exército tecnologicamente mais poderoso do mundo.

A geração da informação

Os estudantes e trabalhadores de 1968 foram produtos do taylorismo no auge de sua extensão às universidades, últimos enclaves de uma esfera mais pluralista da sociedade que tinha, nos anos anteriores à guerra, usufruído de certa autonomia em relação aos imperativos da produção. Com a expansão maciça do ensino superior, tornando cada vez mais rotineira o que tinha sido uma educação de elite, os estudantes experimentavam pela primeira vez os rigores dos métodos tayloristas, exatamente quando esses métodos começavam a se fragmentar pelo mundo afora, quer nas categorias em que o absenteísmo era excessivo e as greves não oficiais aumentavam em intensidade, quer no domínio das relações internacionais, onde um exército administrado de maneira científica era derrotado por guerrilheiros camponeses.

Os estudantes constituíam a primeira geração do ensino universitário de massa, a primeira geração não destinada a se tornar quadro de uma elite dirigente e a primeira geração que não era toda formada por filhos e filhas dessa elite. Muitos deles estavam, na verdade, aprendendo para ser trabalhadores da informação, para lidar com o conhecimento codificado que se tornava cada vez mais essencial para o funcionamento da economia e a administração de um setor público em expansão. O destino da maioria desses jovens era a participação no processo de produção e a organização de instituições públicas, enquanto profissionais capacitados para lidar com informações, manipular o conhecimento, empregar linguagens, do mesmo modo que outras classes sociais lidavam com carvão, manipulavam metal, empregavam ferramentas. A geração treinada por essa sociedade seria a primeira a usar computadores com a familiaridade com que as gerações anteriores tinham passado a usar automóveis.[10]

A organização social e econômica sempre envolveu o uso da informação. Mas por volta do final dos anos 60, à medida que a produção, mesmo dentro de uma única empresa, dependia crescentemente de fluxos eficientes de um sistema de unidades e insumos, a administração do Estado também se tornou cada vez mais dependente de sistemas de coordenação. O resultado destes avanços foi que a organização da informação, a utilização do conhecimento e o desenvolvimento de habilidades tornaram-se questões econômicas centrais.

O aumento do número de estudantes era sinal de mudança em seu destino social. O número de estudantes franceses que chegava ao ensino superior, por exemplo, aumentou de 170.000, em 1960, para 600.000 por volta de 1968. Outros sinais estavam no caráter crescentemente tecnocrata da educação. À medida que o conhecimento tornava-se a força impulsionadora da economia, o conteúdo dos cursos tornava-se cada vez mais instrumental. Novas divisões foram impostas entre as disciplinas; exigia-se dos estudantes que se especializassem o mais cedo possível e exames com medidas absurdamente estreitas de sucesso passaram a ter uma importância massacrante. As aspirações liberais a uma educação sólida, por comparação, pareciam subversivas.

Ao mesmo tempo, esses estudantes ganhavam uma visão interna da emergente cultura industrial e política. À medida que eram orientados no funcionamento desta cultura, iam perdendo o temor que o público ainda alimentava em relação à tecnologia que ela valorizava. Um traço distintivo do movimento estudantil no final dos anos 60 e início dos 70 foi o envolvimento ativo de cientistas, que usavam seu conhecimento privilegiado para revelar as formas desumanas de como os progressos tecnológicos estavam sendo usados: por exemplo, na guerra química no Vietnam e na tortura psicológica dos prisioneiros republicanos na Irlanda do Norte. Através de redes internacionais eles romperam com a cultura da neutralidade científica e promoveram debates políticos não só sobre os usos da inovação tecnológica, mas também sobre os objetivos da pesquisa. À medida que esse trabalho se desenvolvia, iam caindo por terra as alegações prevalecentes do caráter progressista e infalível da tradição científica ocidental,[11] ajudando a rasgar o véu da certeza científica e da invencibilidade tecnológica que cercava ambos os lados da Guerra Fria.

Reverberações

As demandas e táticas espontâneas do movimento estudantil refletiam seu oposto: ao conhecimento instrumental e codificado das autoridades, os estudantes contrapunham a imaginação, os valores, a inteireza e a experiência. Contra a administração hierárquica, os estudantes lançaram suas próprias formas de democracia direta. No entanto, essas formas, inventadas para se adequar às necessidades do momento, foram muitas vezes generalizadas de uma maneira que pressupunha uma sociedade simples e homogênea. No decorrer do tempo, através da tentativa e de muitos erros, a experimentação de novas formas de organização produziu noções mais complexas de democracia e lançou fontes mais amplas de conhecimento em oposição ao monopólio do especialista estatal ou do gerente corporativo.

O desafio do movimento estudantil às exigências de habilidades neutras e científicas por parte daqueles que detinham a autoridade econômica, cultural e social, ajudou a estimular — na maioria das vezes, não-intencionalmente — a confiança das mulheres ativistas para fundar o movimento de liberação feminina, com suas próprias definições de conhecimento e necessidades. Ao questionarem a base incorrigível do progresso científico, enfatizando os valores e escolhas políticas envolvidos na mudança tecnológica, os estudantes radicais abriram caminho para as críticas eco-socialistas das teorias de Keynes sobre o crescimento e o investimento público.

O desafio dos jovens da geração de 1968 à legitimidade que estavam no poder está estreitamente associado à sua imensa confiança em si mesmos como sujeitos da mudança histórica. A extraordinária energia política daqueles anos demonstrou todo o potencial que as pessoas têm para romper estruturas limitadoras que, passivamente, reproduzem na "vida normal". Ela encorajou a confiança na auto-organização e na ação direta, privilegiando a fusão de interesses e conhecimentos através do contato direto com aliados potenciais de diferentes perspectivas, em vez da aceitação passiva da autoridade; produziu uma dialética (que às vezes parecia uma espiral caótica) entre ação e conhecimento: a ação coletiva revelando fatos até então desconhecidos, os quais por sua vez ajudavam a focalizar a ação futura. Esse sentimento de que tudo era possível foi gradualmente temperado pela derrota, mas a experiência inspirou, talvez fez reviver as tradições de ação direta que se perpetuaram nas ações drásticas do movimento antinuclear na Alemanha, nas ocupações de fábricas por toda a Escócia e o norte da Inglaterra em meados dos anos 70, nas inúmeras ações locais simbólicas como o abraço à árvore do movimento verde na Suécia e o internacionalmente famoso campo da paz das mulheres na base de mísseis de Greenham, na Grã-Bretanha. Tal sentimento também inspirou uma forma mais gradual e sustentada de ação direta: uma ênfase na ação imediata para produzir alguma mudança, por mais modesta que seja, nas circunstâncias opressoras. É melhor uma pequena mudança agora do que a solução ortodoxa de "esperar pela revolução".

Esse gradualismo radical produziu muitas novas instituições e formas de vida, embora sua sustentabilidade tenha dependido, ironicamente, da democracia social — a mesma estratégia política que muitas vezes começaram por combater. Essas instituições (diversos tipos de centros de mulheres, inovações em assistência à saúde, extensões do ensino superior e centros culturais radicais) dependem, em grande parte, da disponibilidade de recursos públicos, mesmo se transformam radicalmente a maneira como esses recursos são administrados. Como na última década os governos social-democratas foram sendo enfraquecidos pela direita e por mudanças nas relações econômicas internacionais, essas instituições vêm sendo obrigadas a conceber novas estratégias de sobrevivência.

Conhecimento e fundamentos do movimento das mulheres

O movimento das mulheres inicial talvez fosse mais explícito e prático que qualquer outro movimento em seu desafio às abordagens convencionais do conhecimento. Durante sua primeira fase, na ausência de qualquer núcleo relevante de conhecimento científico do tipo convencional — baseado em leis que resumissem regularidades empíricas ou generalizações — as mulheres começaram por compartilhar e refletir as próprias experiências de formas que nos permitiam ver onde e como agir. Chamamos isso de "despertar da consciência". Historicamente, o impacto do despertar da consciência foi ímpar. As implicações da experiência não eram evidentes por si mesmas. E onde o despertar da consciência santificou a experiência de uma maneira exclusiva, contrapondo-a à teoria, ao invés de avaliá-la como fonte complementar de compreensão, os grupos de conscientização conseguiram abafar o dissenso e produzir uma falsa homogeneidade, muitas vezes seguida de dolorosa fragmentação. Olhando para o passado, porém, contando com as lições aprendidas, penso que é possível identificar diversas abordagens distintas do conhecimento que surgiram desse processo. Elas representam elementos de uma alternativa às concepções positivistas do conhecimento que dão apoio às instituições de que as mulheres dependem, mas com as quais elas lutam diariamente. Ao mesmo tempo, fornecem uma base, em oposição a Hayek, para a ação coletiva e transformadora, de um tipo consciente, mas não onisciente.[12]

Em primeiro lugar, a partir do processo de despertar da consciência desenvolveu-se um reconhecimento do conhecimento que é tácito, implícito, ou seja, de habilidades que antes não eram reconhecidas e tampouco valorizadas. Desse reconhecimento surgiu, por exemplo, uma análise extensa do trabalho doméstico e da criação dos filhos como trabalho qualificado e com valor social que necessita ser tratado como parte da esfera pública. O reconhecimento do conhecimento tácito também serviu de base para uma crítica importante aos serviços de saúde e maternidade

— e, por fim, a toda uma gama de serviços públicos — que tratavam seus pacientes como ignorantes e passivos.[13] Essa nova perspectiva gerou iniciativas para oferecer respostas ao conhecimento, curiosidade e desejo das mulheres de exercer algum controle sobre seus próprios corpos; ou seja, para oferecer uma noção de qualificação técnica que acarretasse maior interação entre profissionais e pacientes, usuárias e clientes "leigas".

Um segundo desafio às noções convencionais de qualificação técnica é a insistência de muitas feministas no fato de que a emoção pode ser produtivamente aliada à razão para a ampliação do conhecimento. As mulheres chegaram ao despertar da consciência com sentimentos ambíguos, umas em relação às outras, no que diz respeito à maternidade, à sexualidade, ao trabalho assalariado, à própria esquerda e aos homens. Na prática, longe de se opor à razão, de ser obstáculo à descoberta de conhecimento publicamente útil, a emoção serviu de estímulo à curiosidade, de impulso para analisar nossos sentimentos, ou os de outra pessoa, com o propósito de compreender algo antes desconhecido, ou apenas parcialmente conhecido, e investigar mais.

Um terceiro resultado dessa conscientização foi o reconhecimento da falibilidade do conhecimento provocada por motivos inconscientes ou condições desconhecidas, que só são revelados através do rompimento de velhos padrões de comportamento ou da disposição de enfrentar fatos desagradáveis.

Uma quarta característica da abordagem do conhecimento comum a muitos grupos de liberação das mulheres foi uma tentativa de entender processos sociais subjacentes; uma insatisfação com os métodos explanatórios convencionais que resumiam o problema em uma generalização. Teóricas feministas, ao escreverem sobre os objetivos do despertar da consciência, descrevem sua intenção de descobrir "o que de fato está acontecendo" sob a superfície da experiência cotidiana; de "chegar às raízes da opressão das mulheres"; de estabelecerem a ligação entre experiências aparentemente distintas: uma necessidade de compreender "toda a gama da situação das mulheres". Os métodos explanatórios convencionais pareciam por demais superficiais para essa tarefa; generalizações baseadas em regularidades empíricas pareciam simplesmente redescrever o problema, em vez de chegar às suas raízes emaranhadas. As limitações das medidas legislativas, tais como remuneração igual para homens e mulheres e a legislação de oportunidades iguais, são indicativas da inadequação desses instrumentos analíticos.

Um traço final e distinto da abordagem feminista ao conhecimento foi o de que, ao mesmo tempo em que "chegávamos às raízes" da nossa opressão, também constatamos nosso próprio conluio com essa opressão.

Nós estávamos em constante alerta para as relações entre transformação do eu e transformação das estruturas sociais, o que levou as feministas a tratar a cultura como um complexo de estruturas com conseqüências materiais. Por exemplo, as feministas deram muita ênfase aos valores ensinados e praticados em creches e centros de assistência à criança. O serviço público em si não significava que seus filhos seriam assistidos em uma cultura democrática, cooperativa e igualitária. A discussão sobre quem controlava o caráter do serviço tornou-se tão importante quanto o serviço em si. As feministas também tornaram prioridade política a criação da infra-estrutura de uma cultura alternativa duradoura: editoras, revistas, grupos de teatro, bandas, cafés e centros feministas, e assim por diante.

A conscientização das mulheres, a conscientização de que em parte reproduzíamos as estruturas de nossa própria opressão (não como meras vítimas ou "transmissoras", mas como agentes ativas que tinham certas, ainda que limitadas, capacidades, para transformar essas estruturas) produziu uma ênfase no ativismo. Ficamos impacientes com as políticas de resolução dos partidos no Parlamento, mesmo que fôssemos céticas em relação a boa parte do que se alegava ser política revolucionária. Nossa compreensão das estruturas e de como elas eram reproduzidas e podiam ser transformadas significava que tendíamos a, ou talvez tivéssemos inventado, o que poderia ser chamado gradualismo radical. Radical no sentido de que éramos altamente críticas quanto ao Estado existente e tínhamos pouca confiança em sua capacidade de satisfazer as nossas exigências; gradual no sentido de que mobilizávamos quaisquer recursos que tivéssemos de modo a alcançar no presente as mudanças que fôssemos capazes de obter. Uma ilustração dessa abordagem vem das experiências do Comitê das Mulheres do Greater London Council, liderado pelos trabalhistas. Na década de 1970, na ausência de assistência adequada à infância, as mulheres em Londres (como em muitas outras cidades do Leste europeu) criaram uma impressionante gama de projetos igualitários e democráticos para os próprios filhos e para outras crianças. Assim, quando o Comitê das Mulheres comprometeu-se nos anos 80 com um programa mais amplo de assistência à infância, já existia uma base para ele nas comunidades de Londres. Em um ano, o Comitê das Mulheres investiu 3,5 milhões de libras em mais de 400 projetos de assistência à infância.

Isto é, de certa forma, um resumo idealizado. Nenhum grupo de mulheres isolado iria necessariamente chegar a todas essas conclusões. Mas ele resume aquelas características da abordagem feminista ao conhecimento que são inovadoras e que ilustram como os movimentos sociais têm uma compreensão mais rica de formas não codificadas de conhecimento e seu potencial para ser compartilhado e tornado público — compreensão capaz de fornecer uma base para tipos particulares de desafio ao Estado de engenharia social.

Boa parte da prática de todos os novos movimentos e organizações sindicais reflete o mesmo desafio implícito à compreensão positivista da ciência do movimento das mulheres, enfatizando em diferentes graus a importância do conhecimento tácito, do caráter de desenvolvimento e falibilidade do conhecimento, de sentimentos e emoções servindo de estímulos ao conhecimento (em vez de serem considerados atributos humanos de menor importância), da pesquisa de estruturas subjacentes. Simultaneamente, estes movimentos compartilham sua visão de si mesmos como agentes de transformação.

O desafio dos novos movimentos

Quando o legado político do positivismo foi transmitido por todo o mundo através do taylorismo, os novos movimentos colocaram um desafio novo e diferente a esse legado. Os princípios tayloristas da administração se baseiam em uma concepção restritiva do conhecimento, ou seja, de que o único conhecimento válido é o científico, tudo o mais sendo uma versão incompleta da ciência ou pura especulação e superstição. Esta concepção faz supor que aqueles que têm conhecimento científico sabem mais e a pessoa comum é ignorante. Isto teve muitos efeitos práticos, por exemplo, na administração do Estado de bem-estar e no tratamento dos usuários dos serviços como clientes passivos ou como vítimas que nada tinham a contribuir no processo de diagnóstico ou melhoria do serviço; de maneira semelhante, dos trabalhadores da linha de frente esperava-se meramente que executassem as ordens dos especialistas.

Em oposição a esses princípios, durante o processo de conscientização do movimento das mulheres, do movimento dos trabalhadores, em suas campanhas por saúde e segurança, e do movimento verde em suas recomendações iniciais sobre os danos ao meio ambiente, afirmou-se a importância de formas de conhecimento que geralmente não são reconhecidas na elaboração de políticas públicas. Essas formas incluem o conhecimento cotidiano implícito nos sentimentos e habilidades que deveriam ser levados em conta juntamente com o conhecimento profissional médico e educacional, por exemplo; ou o conhecimento histórico recolhido da memória pessoal ou de evidências biográficas que poderiam conter idéias para o desenvolvimento de uma localidade não disponíveis ao urbanista profissional. Esses movimentos radicais preocuparam-se com as condições sociais que favorecem o desenvolvimento e a transformação desse conhecimento de um modo que as tradições social-democratas e leninistas, anteriormente dominantes, não fizeram.

Tais movimentos tentaram organizar seus próprios processos de elaboração de políticas de um modo que explicitamente leva-se em conta o conhecimento diário e as habilidades de seus participantes. Assim, suas organizações baseiam-se em uma autonomia e diversidade de iniciativas e debates que é comum a projetos influenciados por quaisquer dos movimentos: *workshops*, rodízio nas posições de liderança e a criação de redes horizontais refletem essa preocupação de estabelecer formas de conhecimento fora da noção ortodoxa de ciência. Embora visem a unidade, sua noção de unidade é, na prática, complexa e diferenciada, pois na verdade a coordenação é rara, exceto em situações onde a união foi criada em torno de uma causa específica: sindicalistas, feministas e outros ativistas de esquerda unindo-se contra a legislação antiaborto; todos os grupos radicais que tenham feito campanha junto com os mineiros na Grã-Bretanha em 1984-85; a ação unida contra os mísseis nucleares na Europa. Na verdade, ainda há pouca experiência de qualquer coisa organizada além das alianças informais; os movimentos provaram ser melhores nas iniciativas autônomas do que em qualquer forma sustentada de unidade.

Hoje a abordagem ao desenvolvimento da ciência predominante é fortemente influenciada pelo positivismo, que enfatiza o caráter cumulativo e linear do conhecimento científico e que tende a mascarar a inovação teórica e a exagerar na questão do consenso. Tal abordagem resiste ao pluralismo e à experiência lateral; gera cautela e conservadorismo na pesquisa de políticas e pouco encoraja a pesquisa alternativa. Tudo isso ficou aparente não só na maior parte das administrações de Estado, mas também, em graus variados, nos partidos social-democrata, trabalhista e comunista que, nos anos 50 e 60, reforçaram as estruturas com base nas hierarquias e reagiram de maneira rígida e paranóica a desafios externos à elite política. Tais eram as características das grandes corporações privadas estabelecidas, particularmente na Grã-Bretanha e nos EUA, até que a recessão veio provocar rearranjos e concorrência interna.

Em oposição a isso os movimentos sociais colocaram em prática um pluralismo experimental. Nas raras ocasiões em que os movimentos sociais tiveram influência política, deram voz a visões críticas da tecnologia e da ciência: por exemplo, as Oficinas de Ciência na Holanda, as Redes de Tecnologia em Londres e Sheffield e a campanha na Itália por *150 horas de folga remuneradas para o magistério*. No interior dos próprios movimentos essa compreensão heterodoxa de formas do conhecimento estimulou a criação de inúmeros centros e a publicação de pesquisas, debates e trabalhos teóricos.

Outra característica do Estado de engenharia social são suas formas instrumentais de raciocínio. Tal raciocínio tem dois resultados politicamente significativos. Em primeiro lugar, estabelece uma relação puramente externa entre fins e meios. Os fins são dados por políticos e os meios prescritos pelos tecnocratas. Uma das implicações deste raciocínio é a visão de que o processo de efetuar mudanças não guarda relação interna com as metas da mudança. Em segundo lugar, as instituições que fazem e implementam políticas de Estado são apresentadas como neutras, como se os meios escolhidos não favorecessem um grupo em detrimento de outro.

A razão instrumental tem um foco exclusivo nas relações externas entre as variáveis sociais, como se uma única variável social tivesse um simples efeito causal sobre outra (por exemplo, a idéia de que o subsídio público para empresas privadas gera expansão industrial ou de que a taxação redistributiva e a provisão do bem-estar eliminam a pobreza). Tal abordagem ignora a natureza internamente estruturada e diferenciada de toda "variável" social. Dependendo das relações de poder dentro das empresas privadas, por exemplo, os subsídios públicos terão sido desperdiçados. E as desigualdades entre os sexos no seio de famílias da classe trabalhadora mostraram que as políticas redistributivas gerais não melhoraram significativamente a posição econômica das mulheres.

É inerente à razão instrumental uma crença no poder massacrante da racionalidade baseada na evidência empírica. Em oposição a essa forma de racionalismo empírico, os novos movimentos, em boa parte de sua prática, têm demonstrado uma avaliação sóbria dos limites da razão humana. As feministas apontam para o poder dos motivos inconscientes, que argumentos racionais não são capazes de revelar com facilidade, nem os atos da vontade conseguem transformar; os sindicalistas radicais enfatizaram o conhecimento prático tácito de trabalhadores qualificados, refletido na forma como eles se comportam e no que eles fazem, mas difícil de ser colocado em palavras; os ecologistas insistem na destruição do meio ambiente como conseqüência não-intencional de muitos dos nossos hábitos diários de consumo; o movimento pela paz adverte para condições desconhecidas e desconhecíveis que poderiam desencadear uma guerra nuclear.

Em oposição à convencional separação entre fins e meios, os novos movimentos tentaram exemplificar, no processo de mudança, os valores subjacentes às suas metas políticas; e prefigurar os fins durante o processo para atingi-los. Algumas vezes, isso levou a um desastroso esquecimento das limitações das estruturas não-transformadas. Contudo, foi eficaz ao ilustrar um novo reconhecimento político tanto da maneira como nós mesmos reproduzimos — e portanto poderíamos potencialmente transformar — as estruturas sociais, essas estruturas mantêm-se independentemente de nós e requerem alianças complexas e sustentadas para serem transformadas.

Os novos movimentos também demonstraram em sua prática uma resistência comum às conseqüências práticas do foco do Estado social-democrata nos aspectos externos ou quantitativos das instituições sociais e de seu tratamento puramente instrumental das relações internas. Os confrontos iniciais dos movimentos com os administradores dos serviços do Estado foram quase que inteiramente precipitados por questões de qualidade e democratização. Quando os cortes financeiros atingiram esses serviços, da crise do petróleo de 1973 em diante, tais movimentos tiveram que percorrer um caminho difícil, e às vezes impossível: defender os recursos públicos, mas exigir uma transformação na forma como eram administrados. Nas raras e breves ocasiões em que o movimento social de esquerda sentiu um gosto de poder na Grã-Bretanha, mais notadamente no Greater London Council e no Sheffield City Council, tentou, com sucesso limitado, romper as hierarquias internas do Estado; estabelecer relações diretas e responsivas com os usuários dos serviços e introduzir formas democráticas de medir e controlar os padrões dos serviços que priorizassem a qualidade, o alcance e o acesso, bem como a quantidade.

A defasagem política

Os novos movimentos não foram os primeiros a desafiar os critérios positivistas do conhecimento. Por algum tempo, o positivismo na ciência social foi seriamente questionado nos círculos filosóficos ocidentais — por exemplo, nos trabalhos de Karl Popper, Imre Lakatos e Thomas Kuhn.[14] Nas circunstâncias relativamente estáveis da Guerra Fria, porém, houve um longa defasagem de tempo até que esse questionamento pudesse derrubar os fundamentos que o positivismo semeara nas instituições de políticas públicas. As concepções positivistas da ciência como cumulativa, e não caracterizada por rompimentos periódicos e revoluções; do conhecimento como um conjunto de leis gerais que descrevem as regularidades constantes; de uma distinção radical entre fato e valores e, portanto, entre fins e meios, e o foco exclusivo nas relações externas entre as variáveis, como se a diferenciação interna, menos visível, não existisse, estavam profundamente sedimentadas nas instituições públicas e privadas. O peso da questão militar tanto no Ocidente como no Oriente, reforçou ainda mais a defasagem de tempo entre as revoluções que ocorriam na filosofia e na base metodológica da política pública. Foram os estudantes de 1968 que, de forma explosiva, revelaram tais disparidades, sendo incapazes, porém, de superá-las.

Ironicamente, esses movimentos sem querer estimularam formas de modernização capitalista que, na ausência de uma nova esquerda coerente, foram exploradas pela direita neoliberal em seu desmantelamento do Estado de bem-estar e criação de uma nova geração de teóricos de administração que empregaram a tecnologia da informação para reorganizar o processo de consumo.

A administração corporativa moderna recebe às vezes o crédito pela iniciativa de se afastar do fordismo e é tida por muitos como tendo dado origem aos conceitos de flexibilidade, descentralização, trabalho em rede e outros termos que agora são palavras familiares às formas modernas de administração. Na verdade, porém, as formas pós-fordistas de organização na indústria — por exemplo, nas fábricas da Fiat no norte da Itália e na indústria automobilística de Paris — surgiram de uma revisão da administração forçada pelos trabalhadores que romperam os laços com o fordismo (maior salário para maior esforço) e recusaram-se a se submeter ao tédio e ao estresse da repetição constante de tarefas fragmentadas. Do mesmo modo, o rearranjo na administração pública do ensino — incluindo, em alguns países, iniciativas orientadas pelo marketing — foi uma tentativa de treinar uma mão-de-obra intelectual, apesar da rejeição dos estudantes à linha de montagem educacional.

Como a própria expressão pós-fordista indica, a alternativa ao fordismo é uma questão em aberto. Ela está sendo respondida por aqueles que detêm o poder de moldar as organizações de maneira adequada a seus propósitos, incluindo a adaptação do fordismo aos novos mercados internacionais. Na indústria, a administração corporativa tem sido altamente bem-sucedida na combinação de flexibilidade na produção com controle centralizado sobre as finanças. O pós-fordismo, conseqüentemente, é identificado com aqueles que têm tido o poder de determinar o que vem depois de Ford. As revoltas iniciais vindas de baixo para cima, inclusive muitas de suas idéias nada convenientes para os detentores do poder, estão esquecidas. Além disso, alguns setores da esquerda às vezes acabam por defender formas políticas fordistas simplesmente porque sua rejeição se tornou associada à direita.[15]

Um dos problemas subjacentes à fragilidade da nova esquerda é que a alternativa dos novos movimentos às metodologias predominantes de Estado e corporação tende a ser encontrada somente nas histórias que são contadas — e as histórias nem sempre são bem repassadas através das diferentes culturas. Há um limite para o número de vezes que exilados errantes podem contar a história da política econômica do GLC, do Comitê dos Estrangeiros da coalizão Vermelha-Verde em Frankfurt ou das políticas de tecnologia do sindicato dos metalúrgicos na Alemanha sem que seus relatos percam a força. E há um limite de tolerância entre os ouvintes. A teorização de tais experiências permitiria que as lições fossem compartilhadas, contanto que tal teorização não reduzisse o particular, mas estivesse atenta à sua complexidade, permitindo, à medida que fosse divulgada, a entrada de novas questões no debate. Mas aqui nos defrontamos com um estranho paradoxo. A nova esquerda, com suas origens na contestação intelectual, produziu um volume sem precedentes de trabalhos teóricos para toda uma geração em revolta. Ainda assim, a teorização de sua própria prática emergente não foi significativamente desenvolvida, se comparada com sua crítica teórica das sociedades capitalistas e socialistas atualmente existentes. Por que isso? O que isso nos indica a respeito dos legados teóricos que herdou? E quais as lições que se pode deixar para as iniciativas tardias, porém urgentes, de se teorizar, antes que uma amnésia politicamente induzida se insinue?

NOTAS

1. Ver Ron Eyerman e Andrew Jamison, *Social Movements: A Cognitive Approach* (Oxford, 1991).

2. Angelo Quattrochi e Tom Nairn, *The Beginning of the End* (Londres, 1968).

3. Sobre 1968, ver Tariq Ali, *1968 and After: Inside the Revolution* (Londres, 1978); Ronnie Fraser et al., *1968: A Student Generation in Revolt* (Londres, 1988); David Caute, *The Year of the Barricades* (Londres, 1968); G. Katsiaficas, *The Imagination of the New Left: A Global Analysis of 1968* (Boston, 1987); Gianni Statera, *Death of a Utopia: The Development and Decline of Student Movements in Europe* (Nova York, 1975).

4. Ver R. Inglehart, *The Silent Revolution* (1977); Claus Offe, "Challenging the Boundaries of Institutional Politics: Social Movements Since the Sixties", em C.S. Maier (org.), *Changing Boundaries of the Political* (Cambridge, 1987); Claus Offe, "New Social Movements: Changing Boundaries of the Political", *Social Research* 52; Alberto Melucci, "Ten Hypotheses for the Analysis of New Movements", em D. Pinto (org.), *Contemporary Italian Sociology* (Cambridge, 1981); Alberto Melucci, "The Symbolic Challenge of Contemporary Movements", *Social Research*, 1985; Jean Cohen, *Class and Civil Society: The Limits of Marxian Critical Theory* (Oxford, 1983); Jean Cohen e A. Arato, "Social Movements, Civil Society and the Problem of Sovereignty", *Praxis International* 4, n.3.

5. Ver Robin Murray, "Fordism and Post-Fordism", em Stuart Hall e Martin Jacques (orgs.), *New Times* (Londres, 1989); encontra-se um bom resumo crítico da literatura em Jamie Peck e Adam Tickell, "Accumulation, Regulation and the Geographies of Post-Fordism: Missing Links in Regulationist Research", *Progress in Human Geography*, 16, 2 (1992); Mary Kaldor, *Imaginary War* (Oxford, 1990).

6. F.W. Taylor, *Principles of Scientific Management* (Nova York, 1911), p.34.

7. F.W. Taylor, *The Art of Cutting Metals* (Nova York, 1906).

8. Ibid., p.38.

9. Ibid. Para discussão crítica do taylorismo, ver Mike Cooley, *Architect or Bee* (Londres, 1987) e Alfred Sohn-Rethel, *Intellectual and Manual Labour* (Londres, 1978).

10. Ver Robin Blackburn e Alexander Cockburn (orgs.), *Student Power* (Londres, 1968); U. Bergmann, R. Dutschke, W. Lefevre e B. Rabehl, *Rebellion der Studenten oder die Neue Opposition* (Frankfurt, 1968); D. e G. Cohn-Bendit, *Obsolete Communism: The Left Wing Alternative* (Londres, 1968) e *Le mouvement de mai ou le communisme utopique* (Paris, 1968).

11. Ver Hilary e Steven Rose, "The Radicalization of Science", *Socialist Register*, 1972 e *The Political Economy of Science* (Londres, 1976).

12. Ver Hester Eisenstein, *Contemporary Feminist Thought* (Boston, 1984); Sheila Rowbotham, *The Past is Before Us* (Londres, 1989); Jo Freeman, *The Tyranny of S-tructurelessness* (Londres, 1984); Kathie Sarachild, "Consciousness Raising: A Radical Weapon", em *Feminist Revolution Redstockings* (Boston, 1971).

13. Ver Lesley Doyal, *The Political Economy of Health* (Londres, 1979); Ann Oakley, *Social Support and Motherhood* (Oxford, 1992).

14. Karl Popper, *The Logic of Scientific Discovery* (Londres, 1959); Imre Lakatos, "Falsifications and the Methodology of Scientific Research Programmes", em Imre Lakatos e A. Musgrove (orgs.), *Criticism and the Growth of Scientific Knowledge* (Cambridge, 1967); Thomas Kuhn, *The Structure of Scientific Revolution* (2ª edição, Chicago, 1970).

15. Ver Robin Murray, "Fordism and Post-Fordism" e "Benetton Britain: The New Economic Order", em Stuart Hall e Martin Jacques (orgs.), *New Times*.

CAPÍTULO 4

Teoria e política do conhecimento

No final dos anos 60 os ativistas dos novos movimentos sociais eram declaradamente ecléticos em relação às tradições teóricas em que se apoiavam. Por exemplo, Daniel Cohn-Bendit, um líder do movimento estudantil francês de 1968 e membro do grupo anarquista Noir et Rouge definia-se como anarquista por rejeitar qualquer forma de dogmatismo. Não rejeitava Marx completamente, não mais do que aceitava Bakunin. Quando pressionado a definir sua posição, colocou-se na linha tradicional do comunismo burocrático. Sheila Rowbotham, ativista na Nova Esquerda Britânica e fundadora, nos anos 70, do Movimento de Liberação das Mulheres, descreve a leitura da Nova Esquerda no final dos anos 60: "Líamos de tudo, de Kropotkin e Bakunin, a Marx, Gandhi e G.D.H. Cole, Camus, Sartre e Emma Goldman. Comprávamos o *Anarchy* assim como o *Peace News*, *Sanity*, o *Tribune* e o *Labour Weekly*."[1]

Embora os temas anarquistas tenham sido e continuem a ser influentes nos movimentos radicais dos últimos vinte anos, entrecruzando-se com várias tradições feministas e ecológicas, o marxismo, sob várias formas, tem sido a tradição mais influente, tanto em termos de persistência como de penetração. Explorar o caráter preciso de sua influência fornece indicações para a subteorização das inovações políticas dos novos movimentos e para saber como essas inovações poderiam agora ser melhor compreendidas e difundidas.

Os novos movimentos sociais sempre tiveram uma relação difícil e eclética com o marxismo, que se refletia na multiplicidade de compromissos que os ativistas estabeleciam com essa teoria. Por uma parte, um dos impulsionadores das rebeliões desses movimentos era a rejeição aos modelos oferecidos por ambos os lados da Guerra Fria: para a maioria, era quase automática a rejeição tanto da Segunda Internacional e do marxismo soviético, quanto do reducionismo e do economicismo que os acompanharam. Por outra parte, em seu rompimento prático com a complacência oca do consenso pós-Guerra, necessitavam de conceitos críticos para entender a guerra do Vietnam, o trabalho penoso nas fábricas, que existia lado a lado com as exóticas promessas de uma cultura de consumo, a repressão do Estado e a padronização cultural. Em que medida o marxismo foi fonte de tais conceitos, isso variou de um país para outro, dependendo das tradições de esquerda preexistentes. Na Alemanha, França e Itália, onde havia uma tradição marxista bem estabelecida, crítica e independente do comunismo oficial, foi uma influência cultural e intelectual difundida entre muitos ativistas.

A influência do marxismo

É possível distinguir duas influências distintas do marxismo; uma positiva e outra negativa. O marxismo que se opunha à ortodoxia soviética — em especial o da Escola de Frankfurt, o dos trabalhos de Isaac Deutscher, frente de uma tradição trotskista não-sectária, ou o de André Gorz, que elaborou um materialismo criativo — forneceu uma estrutura necessária para o desenvolvimento de teorias e conceitos explanatórios críticos. O desenvolvimento criativo do marxismo como estrutura explanatória e agenda de pesquisa para a teoria social não se fez acompanhar, porém, de um desenvolvimento equivalente das teorias marxistas de ação política.[2]

A causa subjacente disso é que o marxismo ocidental do período pós-guerra — teoria crítica juntamente com os trabalhos anteriores e mais revolucionários, de Georg Lukács e outros marxistas ocidentais anti-stalinistas — preocupava-se com compreender as condições da derrota do projeto revolucionário, o que levou a uma preocupação com a consciência e a cultura, que se tornou central para levar adiante sua contribuição para a teoria social crítica. Contudo, pequena perspectiva de mudança socialista na Europa pós-Yalta, eram poucos os motivos para se tratar de problemas de ação e organização. O caso da teoria crítica da Escola de Frankfurt ilustra melhor essas limitações porque teve, provavelmente, maior influência nos novos movimentos.

Teoria crítica

A influência da teoria crítica nos movimentos sociais emergentes no final dos anos 60 — especialmente os movimentos estudantis da Alemanha, Grã-Bretanha e Estados Unidos — permitiram que estes, que em muitos aspectos eram não ortodoxos, estabelecessem uma associação criativa com o marxismo. A teoria crítica forneceu a força estimuladora para a aplicação dos conceitos marxistas de imperialismo, exploração e natureza de classe do Estado, aliados aos conceitos de teóricos não-marxistas (tais como

Sigmund Freud e Max Weber) para analisar burocracia, autoritarismo, tecnologia da informação e repressão sexual: preocupações bastante distantes do marxismo, mas no centro dos interesses dos novos movimentos.

Ainda que a teoria crítica tenha influenciado esses conceitos, ela também fez eco à filosofia de ação dos movimentos. A insistência da teoria crítica em afirmar — em oposição às leis da crise capitalista prevista pelo marxismo ortodoxo — que a "história se faz" com a "conduta localizada de sujeitos parcialmente conscientes" harmonizava-se com a ênfase dos movimentos sociais na crítica ideológica e cultural e com o seu sentimento inicial de autoconfiança como agentes da mudança social.[3]

A noção de Habermas do "mundo-vida" e da ação comunicativa, que ele diz necessitar de proteção contra a colonização dos sistemas políticos e econômicos, fornece uma teoria poderosa da influência cultural dos novos movimentos e legitima seu papel enquanto contracultura. E havia setores significativos dos movimentos que de fato se viam nesse papel. Outros, porém, desejavam transformar os sistemas econômicos e políticos existentes. Habermas via estes últimos fenômenos como produtos inevitáveis da modernização contra os quais os movimentos sociais podem, quando muito, salvaguardar algum espaço público em prol da ação comunicativa não-distorcida. Em vez de tratar cultura, economia e política como variações de relações sociais interconectadas — como fizeram os ativistas dos novos movimentos, movendo-se com relativa facilidade do ativismo nas universidades para a organização dos trabalhadores nas fábricas —, ele as trata como tipos diferentes de fenômenos. Os sistemas políticos e econômicos são vistos por Habermas como "obstáculos à ação comunicativa" e analisados como se fossem objetos inanimados, de fato revertendo a um método positivista. Nesse sentido, os teóricos críticos da segunda geração, principalmente Habermas, seguem não-intencionalmente os marxistas economicistas ao subestimarem as dimensões culturais e subjetivas do poder político e econômico, apesar da importância que dão à cultura como esfera à parte.[4]

Desse modo, a teoria crítica contemporânea não podia oferecer um guia à ação política que estivesse de acordo com as aspirações e o senso de possibilidade típicos dos ativistas dos anos 70 e, de um modo diferente, dos anos 80. Além disso, a rígida demarcação estabelecida por Habermas entre o sistema econômico e o "mundo-vida" não levava em conta a resistência radical dos trabalhadores às disciplinas desse sistema. Na verdade, os teóricos críticos menosprezaram o movimento dos trabalhadores, considerando-o uma força *gasta e incorporada*. Entretanto, foram essas explosões simultâneas de revolta, nas fábricas e nas universidades, que levaram os que tinham consciência política em ambas as esferas a desejarem guias mais específicos para a ação política.

O marxismo enquanto teoria da ação política

Apesar das falhas do marxismo ocidental como guia de ação, os ativistas se viram atraídos por ele devido ao conteúdo crítico de suas ferramentas para a compreensão da realidade contemporânea. Em parte como resultado disso, eles com freqüência, ainda que apenas temporariamente, aliavam-se a grupos ou partidos trotskistas ou maoístas. A principal função dessas organizações antes de 1968 tinha sido a de conservar acesa a chama do marxismo revolucionário, como diz Tom Nairn, "em um mundo que não ia pegar fogo".[5] Esses ativistas haviam se tornado incrivelmente conservadores, não só no que se referia ao seu estilo e rotina, mas, de maneira mais fundamental, no que dizia respeito aos seus conceitos centrais de organização. Mesmo quando se abriram para tradições teóricas inovadoras (por exemplo, em organizações tais como a Internacional Socialista, na Grã-Bretanha, que seguia o marxismo libertário de Rosa Luxemburgo, Hal Draper e outros), tal abertura não se ampliou porque eles não queriam correr riscos em suas próprias organizações.

Werner Hülsberg, historiador do partido verde alemão, descreve os estranhos paradoxos dessa fase leninista pela qual setores significativos da nova esquerda passaram em sua busca por novas formas de organização (na Alemanha, a forma predominante foi a maoísta). "Esses partidos não humanos, com suas formas de organização stalinistas, transformavam os jovens em autômatos políticos e fracassaram totalmente no sentido de romperem com seu isolamento. Essas organizações não constituíram uma continuação da Oposição Extraparlamentar (o movimento alemão inspirado no maio de 68), mas uma ruptura com ela. Auto-organização, amor à vida, espontaneidade e esclarecimento foram substituídos por obediência cega, disciplina, asceticismo... que os mais inteligentes não puderam suportar por muito tempo."[6] E, com efeito, muitos daqueles que aderiram brevemente ao maoísmo tempos depois iriam se abrir às iniciativas antinucleares dos cidadãos fundando *Os Verdes*, que foi explícita e orgulhosamente criado com base nos princípios da "democracia de base", o extremo oposto dos tipos de "centralismo democrático" que viriam a ser encontrados na esquerda ortodoxa.

O problema foi que os partidos ou grupos leninistas que surgiram das sombras com o primeiro desafio à política da Guerra Fria estavam mergulhados em uma metodologia que era ela própria objeto daquela revolta. Podiam fornecer uma bandeira àqueles movimentos que lutavam contra o imperialismo, a pobreza, a injustiça e a exploração dos EUA —, e durante um período muitas pessoas se organizaram através deles em prol dessas causas. Em sua rebelião, porém, os ativistas desses movimentos questionavam e rejeitavam todos aqueles que reivindicavam com conhecimento superior e globalizante. Logo descobriram que as organizações leninistas tendiam a fazer exatamente essa reivindicação, fundamentando-a em interpretações teleológicas e cientificistas do marxismo. Depois de tentativas efêmeras, e freqüentemente exaustivas, de tornar essas organizações capazes de aprender com os novos movimentos, os ativistas se dispersaram, alguns se engajando em novos projetos políticos, inclusive explorações de formas não leninistas de organização política radical, outros para criar espaços para a mudança política no trabalho ou na comunidade ou dedicar-se a iniciativas culturais subversivas; outros desiludiram-se com as possibilidades de mudança política e econômica e passaram a contribuir para um "mundo-vida" que cada vez mais era absorvido pelo sistema econômico dominante.[7] É revelador que, pela Europa ocidental, sempre que essas organizações tinham raízes nos novos movimentos, foram ativistas feministas que expuseram a contradição entre a metodologia incrustada do leninismo reaquecido e a cultura política que surgia dos novos movimentos. O feminismo, a militância dos negros e as novas formas de ação direta dos trabalhadores foram profundos desafios à ideologia da engenharia social.

Existe evidência aqui de outra defasagem de tempo no impacto da crítica das teorias convencionais do conhecimento. Recentes descobertas da filosofia do conhecimento e formas emergentes de prática política de esquerda que vieram a ser encontradas entre ativistas do movimento tendiam a enfatizar a interação experimental de teoria e prática. No entanto, as organizações da esquerda leninista, apesar dos protestos em sentido contrário, terminaram por salvaguardar verdades teóricas ao invés de correr o risco de aprender com as novas iniciativas políticas. Como pode ser explicada essa defasagem de tempo?

Política marxista: ambiente e ferramentas teóricos

Dois fatores explicam a defasagem de tempo: o primeiro é uma questão de ambiente político; o segundo, um caso de ferramentas teóricas inadequadas.

No que diz respeito ao ambiente político, a influência do leninismo tardio, com sua prioridade na preservação da tradição bolchevique, se mostrou mais forte onde a esquerda radical sentiu com maior força o medo da traição. Quanto mais o ambiente político os limitava enquanto parceiros subalternos de partidos de esquerda governamentais, mais esse medo restringia sua imaginação política. Na Grã-Bretanha e na França, onde o sistema eleitoral dificultou a sustentação da própria expressão política para a nova esquerda, a influência de um leninismo mais ou menos petrificado encontrou seu apogeu. Na Grã-Bretanha, os movimentos sociais geraram uma intimidade de projetos e campanhas e organizaram ataques que ocasionalmente se utilizavam de métodos das oniscientes seitas neobolcheviques. Mas sem representação política, foi difícil para esses grupos alternativos acumular experiência e refinar a teoria necessária a uma identidade política própria.

Onde a nova esquerda enfrenta um sistema eleitoral que permite maior pluralidade de representação e a possibilidade de uma identidade política independente, ocorre um processo pragmático de desenvolver novos partidos políticos ou radicalizar os liderados por uma antiga "nova" esquerda nascida de divisões dos partidos social-democratas ou comunistas. Nessas circunstâncias — bastante comuns no norte da Europa — tem havido uma maior confiança na esquerda radical com relação ao ingresso em novas experiências organizacionais e políticas sem receio de divergir de alguma linha estreita e rígida de correção política. Os Verdes alemães, o mais puro "partido novo", desenvolveram as instituições mais explicitamente novas, baseadas na idéia de "democracia de base".[8] A esquerda verde holandesa, ao criar um novo partido através da fusão de três partidos mais antigos — um liberal radical, um socialista pacifista e o outro, comunista — criou também novos tipos de instituições políticas. Aqui, a maioria de seus ativistas se vê, principalmente, como envolvida nas atividades do movimento, e não nas do partido; no entanto, pode, apesar disso, contribuir para o trabalho do partido sem ser envolvida no aparato partidário a ponto de se afastar da atividade do movimento. Os partidos da nova esquerda na Dinamarca e Noruega, nascidos de divisões ocorridas antes de 1968 dos partidos comunista e social-democrata, adaptaram de maneira mais gradual seus métodos fundamentalmente parlamentares em resposta à pressão e às inovações dos novos movimentos. Na Itália, o eurocomunismo se desenvolveu em resposta às agendas estabelecidas pelos novos movimentos — em especial o feminismo e a ecologia —, mas não à sua meta radicalmente transformadora e seus métodos extraparlamentares.

No que diz respeito às ferramentas teóricas, o problema é de ação política. Em seus escritos, Marx deixou implícita uma teoria do conhecimento em que as visões tácitas e particulares da experiência desempenham um importante papel. A consciência, de acordo com Marx, se desenvolve através da experiência de uma sociedade mutável e contraditória. Sua noção de experiência e ser social é ativa — nela, as pessoas estão interpretando e discutindo suas reações aos acontecimentos; assim, idéias e cultura são parte da experiência prática. É na prática, argumenta, que a classe trabalhadora se vê "pronta para uma ação completa e não mais restrita, que consiste na apropriação total das forças produtivas e no desenvolvimento total das capacidades por isto desencadeadas".[9] Entretanto, Marx nunca traduziu tais noções gerais em princípios de ação política. Na época, deve ter tido motivos justificados para não fazê-lo. Ele via a organização política essencialmente como um instrumento prático, temporária e necessariamente flexível.

Com base nisso, a forma leninista de partido poderia ter sido historicamente tratada como um tipo particular de instrumento político apropriado para um momento histórico distinto. Em vez disso, com a autoridade da Revolução Russa servindo de exemplo, tornou-se um modelo que endureceu sob o regime Stalin, transformando-se numa camisa-de-força internacional para parte da esquerda européia.[10] Seu estabelecimento como modelo rígido foi auxiliado pelo fato de que mesmo que suas origens tenham sido pragmáticas, todos os argumentos lançados em sua defesa lhe confeririam alicerces de um concreto armado. Lenin afirmava que a "consciência de classe dos trabalhadores só pode vir *de fora*, isto é, somente de fora do círculo das relações entre trabalhadores e empregadores". Trata-se fundamentalmente de uma crítica polêmica à idéia de que a consciência desenvolvida através das lutas sindicais ou já é ou poderia espontaneamente tornar-se consciência política de classe. Trata-se de uma negação da hipótese de que os trabalhadores irão através das lutas no local de trabalho desenvolver espontaneamente uma crítica total da injustiça capitalista. Lenin chegou até a argumentar que somente o partido, o laboratório e o fio condutor da ciência política revolucionária poderiam interpretar a sociedade como um todo para os trabalhadores e unir suas lutas com o fim de derrubar o Estado. Tenha esta teoria sido adequada ou não para combater o Estado czarista, suas hipóteses ficaram cimentadas na mente da esquerda e, consagradas pelos sucessos de 1917, foram embalsamadas no pensamento, muitas vezes de maneira semiconsciente, de muitos ativistas da esquerda radical.[11]

Poucos dos ativistas do novo movimento que se juntaram ou se associaram a organizações marxistas acreditavam profundamente na teoria da consciência de Lenin. Eles se sentiam mais atraídos pela ênfase diferente que Leon Trotski e Mao Tsé-tung davam à ação popular e à revolução cultural. Mas embora Trotski e Mao, em momentos diferentes, tivessem demonstrado uma real compreensão das capacidades criativas do trabalhador, ambos se atinham fortemente a noções de liderança e organização política que pressupunham que aqueles dotados de conhecimento científico, em seu sentido teórico — no sentido de dotados de uma visão geral — controlariam o processo da revolução cultural. Trotskistas e maoístas de última hora em toda a Europa tomaram um caminho semelhante. A julgar pelos relatos de ex-membros do partido, muito se aprendeu do contato com a experiência da classe trabalhadora. O problema era que os membros do partido acreditavam que todo conhecimento prático tinha de ser absorvido por um processo central que filtraria toda a experiência para formar uma linha única de partido. Pior ainda, a disciplina da linha do partido ficava rapidamente em evidência sempre que setores do partido (como os das mulheres, negros, lésbicas ou gays) tomavam qualquer iniciativa séria por sua própria conta. Negando a esses grupos qualquer autonomia real, os partidos centralistas desperdiçavam grande parte do conhecimento potencial, ou permitiam que a liderança se apropriasse dele de maneira parcial e insatisfatória.[12]

Rosa Luxemburgo foi uma das poucas escritoras e ativistas marxistas que militavam pela classe trabalhadora e pela insurgência revolucionária no início do século XX a desafiar diretamente os métodos políticos de Lenin. Ela argumentou que tais métodos estavam levando os bolcheviques a drenar o poder genuíno dos sovietes e concentrá-lo no comitê central do partido. Sua definição de democracia socialista salientava que a classe trabalhadora devia ser conduzida pela "mais ativa e ilimitada participação da massa, pela democracia ilimitada... Esta democracia tem de ser obra da classe e não de uma minoria liderando em nome da classe — ou seja, tem de proceder, passo a passo, da participação ativa das massas: tem de estar sob sua influência direta, sujeita ao controle de toda a atividade pública: tem de surgir da crescente educação político do povo".[13]

Rosa Luxemburgo também não compartilhava da crença de Lenin no conhecimento superior da liderança partidária: "Sejamos francos: historicamente, os erros cometidos por um movimento verdadeiramente revolucionário são infinitamente mais verdadeiros do que a infalibilidade do mais sábio Comitê Central."[14] O problema, porém, se acha em como essa abordagem participativa se traduz em formas de organização sustentáveis em períodos e locais onde não há movimento revolucionário. Rosa Luxemburgo não viveu para enfrentar esse problema, mas o legado de Lenin se mostrou esmagador, mesmo em 1968. A liderança dos grupos marxistas do pós-guerra que reviveram as idéias de Rosa Luxemburgo não estava disposta a correr os riscos, inclusive riscos à própria liderança, que sua implementação teria acarretado. O imperativo de salvaguardar as verdades teóricas venceu.

O pós-modernismo e seus críticos

Em países em que nenhum novo partido do novo movimento de esquerda surgiu (por exemplo, Grã-Bretanha, França e EUA), as teorias pós-modernas que expressam o caráter fragmentado da vida cultural e política contemporânea tornaram-se especialmente influentes — embora tenham sido influentes por todo o Ocidente. De inúmeras maneiras o pós-modernismo, com sua preocupação característica com o simbólico, está em estreito acordo com as atividades dos novos movimentos e os tem ajudado a ganhar uma autoconsciência reflexiva.

O pós-modernismo tornou-se um termo tão abrangente que não nos é de grande utilidade. Foi aplicado tanto aos teóricos preocupados com a relação entre a realidade simbólica e a realidade extra-simbólica (que poderiam ser descritos com maior exatidão como "materialistas culturais"), quanto àqueles que consideram o simbólico ou o discursivo a própria realidade. Nos dois casos, porém, a preocupação com investigação das formas culturais expressa o impulso dos novos movimentos de destruir o consenso apaziguador da democracia social do pós-guerra. O movimento das mulheres, por exemplo, acompanhando o movimento negro pelos direitos civis nos EUA, desafiou conceitos universais de cidadania e direitos humanos, mostrando como estes ocultavam desigualdades e diferenças que excluíam grupos sociais do acesso ao poder. De modo similar, no movimento verde, cientistas e tecnólogos críticos, aliados a líderes de comunidades, subverteram o compromisso modernista com o "progresso" tecnológico, revelando valores e escolhas implícitos nessa noção aparentemente neutra. O pós-modernismo também levantou o problema do "totalitarismo" nas teorias "totalizadoras", refletindo uma tendência no interior dos movimentos a favorecer uma abordagem pragmática e gradual à teoria. Além disso, ele ecoa e teoriza a preocupação dos movimentos com a linguagem; como estes, o pós-modernismo chamou a atenção para o papel da linguagem como criadora de nossa vida social e cultural, e não como mero reflexo de uma realidade externa. O pós-modernismo, porém, prefere descrever as qualidades emergentes da cultura a partir da qual se desenvolveram os novos movimentos, em vez de teorizar sobre eles. Foi uma cultura que produziu o neoliberalismo, assim como o socialismo libertário; que produziu Richard Branson e a Virgin Records bem como Tom Robinson e o Rock Against Racism.[15]

O que o pós-modernismo, que nega a realidade extradiscursiva, não consegue expressar a respeito dos novos movimentos é sua luta coletiva dirigida para a transformação de estruturas que existem independentemente de suas atividades. Eles não são capazes de entender o que torna o Rock Against Racism diferente nos seus propósitos e conseqüências de Richard Branson e da Virgin Records.

Os movimentos feminista, anti-racista, verde e pela paz, por sua vez, não estão apenas preocupados em mudar o discurso; sua preocupação com a linguagem é parte de um esforço para alcançar maior verdade pública a respeito das instituições que materialmente limitam a vida das pessoas. Seu aparecimento e existência prolongada pressupõe que a única maneira de superar essa opressão é fazer com que essas vítimas se tornem sujeitos ativos, transformando relacionamentos que, de outro modo, tenderiam a reproduzir. O debate e a discussão nos movimentos sociais a respeito de como fazer isso não constituem apenas uma série de afirmações solipsistas diversas; presumem pontos de referência comuns em relação aos quais as estratégias de mudança podem pelo menos ser testadas na prática — algo que o pós-modernismo negaria. O pós-modernismo tornou-se influente depois dos reveses enfrentados pelos movimentos sociais no final dos anos 70. Geograficamente, é mais influente na França, onde os movimentos sociais iniciais alcançaram seu auge (em 1968) e também, onde sofreram sua mais severa derrota. Talvez seja mais uma teoria para os *ex-membros* dos movimentos sociais, leais à cultura de que esses movimentos fizeram parte, mas desiludidos com os esforços frustrantes para se alcançar a mudança social.

Muitas dessas pessoas iriam, entretanto, identificar-se mais com a esquerda e se sentiriam politicamente hostis ao neoliberalismo. Seus instintos brotaram de uma cultura mais universalista do que a que os pós-modernistas são capazes de oferecer, pois o pós-modernismo não oferece instrumentos apropriados para se responder à direita radical. Contudo, há na esquerda aqueles que vestem suas políticas com trajes pós-modernos, como se isto ajudasse a formar a esquerda mais popular em uma cultura influenciada pela extrema-direita. Na verdade, em si mesmos, os instrumentos do pós-modernismo produzem apenas uma versão mais volátil desta direita. Como Hayek, o pós-modernismo corta a ligação existente entre intenção humana e resultado social. Enquanto para a direita radical a natureza incompleta do nosso conhecimento significa que a sociedade é o resultado das atividades cegas e portanto casuais do indivíduo, para o teórico pós-moderno a sociedade é, igualmente, um excesso casual de afirmações solipsistas de várias espécies. A única diferença significativa entre os dois é que enquanto o neoliberal está interessado na ordem social, o pós-modernista celebra o caos. Se o dilema da direita está em explicar a ordem social a que pertence, apesar dos resultados casuais da atividade individual, o dilema pós-moderno é identificar os critérios para os julgamentos de valor sem os quais até mesmo suas próprias atividades seriam impossíveis. A direita radical resolve seu dilema através do que argumentam ser resultados morais e políticos da evolução social, a serem protegidos pelo Estado contra qualquer protesto particularista. Os pós-modernistas resolvem seu problema através de diversas formas de narcisismo e relativismo. Ambos desvalorizam os processos da democracia.

Os realistas críticos: suboperários para a nova esquerda?

Uma corrente intelectual distinta na turbulência do final dos anos 60 e início dos 70 foi o interesse intenso que se fez notar, especialmente na Grã-Bretanha, no pensamento antipositivista da filosofia da ciência. Foi uma revolução intelectual agitada por figuras como Karl Popper, em seu papel de filósofo da ciência e autor de *The Logic of Scientific Discovery* em oposição ao papel de crítico da Guerra Fria em *The Open Society and Its Enemies*, e o Wittgenstein tardio, cujo aparecimento na filosofia dos anos 20 se deu enquanto influente positivista lógico que aplicava os princípios da engenharia mecânica à compreensão da sociedade.[16] Popper lançou um desafio às hipóteses convencionais do caráter linear, cumulativo, do desenvolvimento científico. Wittgenstein enfatizou o caráter social da linguagem, do significado e, portanto, do nosso conhecimento do mundo, minando o individualismo que fluía de noções empiricistas do conhecimento como a da absorção atomista dos dados da percepção. Esses desafios foram enfrentados por Thomas Kuhn, Imre Lakatos e Paul Feyerabend.[17] Por volta dos anos 60, as noções monistas e dedutivistas da ciência encontravam-se sob sério ataque.

Uma abordagem a uma alternativa emergia da filosofia lingüística de J.L. Austin, que desenvolveu uma dimensão da ênfase de Wittgenstein no caráter social da linguagem e no caráter contextual do significado. O método de Austin era analisar a linguagem cotidiana e seus pressupostos.[18] No entanto, com freqüência, isto transformou a filosofia em uma busca trivial. A filosofia lingüística, entretanto, de fato tirou o desenvolvimento da filosofia dos domínios do debate que se esfumava, distanciando-se não só do mundo, mas também das formas como os seres humanos procuravam descrevê-lo e compreendê-lo. Embora boa parte da filosofia lingüística tenha ficado presa às minúcias do discurso cotidiano, ela também estimulou duas inovações radicais.

A primeira foi a investigação da prática corrente do raciocínio científico. No decorrer dessas investigações, Rom Harré e Mary Hesse ampliaram a crítica do raciocínio dedutivo e instrumental dos céticos antes mencionados, mostrando a importância, na ciência, de modelos, analogias e um leque de formas não lineares de raciocínio. Demonstraram também o caráter de valor do conhecimento científico.

A segunda inovação foi a tentativa de P.F. Strawson de partir da linguagem cotidiana para pesquisar mais profundamente quais deviam ser as precondições para que a atividade da fala fosse possível.[19] Esse método transcendental de argumentação teve origem em Kant, que se perguntava sobre o que tornava a experiência possível. Partindo da reflexão sobre o uso da linguagem, seja na vida diária ou na ciência, chegava-se à consideração de como devia ser o mundo para que a linguagem fosse utilizada e a ciência empreendida. Os realistas críticos mais tarde desenvolveriam essa linha de raciocínio até chegarem a uma ruptura radical com a tese antropocêntrica segundo a qual sempre se pode analisar o ser com base nas afirmações sobre o nosso conhecimento do ser e que, portanto, a filosofia pode se preocupar exclusivamente com o conhecimento humano do mundo, e não com o caráter do mundo em si. Eles desenvolveram a argumentação transcendental e perguntaram como deve ser o mundo para que sejam possíveis a filosofia, a ciência, as atividades sociais em geral e a emancipação humana em particular.[20]

De maneira talvez surpreendente, todos esses desenvolvimentos, de Popper e Wittgenstein a Strawson, acabaram se tornando recursos vitais para uma geração de jovens cientistas sociais britânicos radicais influenciados pelos eventos de 1968. Estes jovens enfrentavam, no trabalho acadêmico assim como na política, problemas práticos, empíricos: como compreender o subdesenvolvimento econômico; como explicar a contínua subordinação das mulheres nas sociedades capitalistas liberais; como entender e transformar a estagnação da sociedade britânica. Com essas questões em mente, não demorou para ficarem frustrados com o que os estudos sociológicos e econômicos convencionais tinham a oferecer. Fios de teoria marxista crítica, e em especial de história, existiam na cultura britânica, mas eram por demais esparsos para se tecer uma tradição rica. O marxismo europeu começou a ser traduzido no final dos anos 60 e forneceu mais um recurso. Mas, na maioria das vezes, o marxismo se comprometia com suas próprias discussões internas; só aqui e ali — como em "On Contradiction and Overdetermination", de Louis Althusser, *One Dimensional Man* (Homem unidimensional), de Herbert Marcuse, e *Knowledge and Human Interest* (Conhecimento e interesse humano), de Habermas, por exemplo — fornecem instrumentos para a análise empírica radical e para os meios de transformação.

Essa escassez de ferramentas críticas facilmente disponíveis levou cientistas sociais tais como Roy Bhaskar, William Outhwaite, Andrew Collier, Ted Benton e, mais tarde, Mary Kaldor, Michéle Barratt e muitos outros — nenhum dos quais tinha começado como filósofo — a explorar sistematicamente questões de método e aplicá-las a problemas de análise empírica. Em algumas instâncias, sua frustração com as teorias existentes sobre o problema que inicialmente estudavam, levou-os a reconsiderar a própria base do conhecimento científico. Eram todos simpáticos ao marxismo como estrutura para um programa de pesquisa, mas não estavam satisfeitos com sua forma de então. Assim, um segundo impulso foi reconstruir, de maneira consciente, instrumentos de análise materialista. O trabalho de Bhaskar é a implementação mais sistemática desses dois projetos. Ele começou sua jornada filosófica como economista preocupado com os problemas do subdesenvolvimento e da relevância da teoria econômica ortodoxa para resolvê-los; a aparente irrelevância desta para explicar e superar a pobreza no Terceiro Mundo colocava um problema que seus textos se dispuseram a responder. Outhwaite desenvolveu algumas das idéias de Bhaskar, também extraindo, de maneira seletiva, conceitos da teoria crítica. Outros desenvolveram e aplicaram essas idéias nas questões da ecologia, do feminismo e do militarismo. Existe agora uma escola intelectual distinta de "realistas críticos", cuja obra, significativamente, extrapola as fronteiras acadêmicas e se aplica a problemas políticos e sociais.

Os instrumentos conceituais que eles desenvolveram facilitam a superação da defasagem de tempo entre o colapso das noções positivistas do conhecimento e da ciência nos círculos filosóficos e a persistência desses métodos no Estado, partido e organização econômica. Porém, os conceitos em si jamais provocarão uma mudança constitucional. É a maneira como se harmonizam com a prática dos movimentos com quem compartilham suas origens, e como ajudam a esclarecê-lo, que lhes dá esse potencial de força.

Conhecimento e ser

Um dos resultados das rebeliões de 1968 foi o ceticismo no que dizia respeito a todas as reivindicações de neutralidade social, em especial as da ciência. Isso levou a uma reflexão generalizada sobre o contexto social tanto de teorias específicas, quanto da produção e distribuição dos critérios científicos em si. Esse foco na produção social do conhecimento foi o ponto de partida do realismo crítico. Se outras filosofias da ciência analisam a linguagem da ciência ou buscam reconstruir a ciência de acordo com algum tipo ideal, os realistas críticos vêem a ciência como uma forma de produção social. A pergunta transcendental que os realistas críticos fazem é: como deve ser o mundo para que as diferentes atividades da produção científica sejam possíveis?

O processo de responder a essa questão os levou a conclusões que formam um paralelo com as que estão implícitas na prática dos movimentos sociais. Em um certo sentido, isso não é de surpreender, pois os movimentos que buscam transformar a sociedade sem qualquer receita precisa estão eles próprios engajados em um processo contínuo de atividade experimental, o foco da preocupação desses filósofos críticos. Mas os realistas críticos realizaram uma investigação filosófica que nos ajuda a fundamentar algumas das idéias implícitas na prática dos movimentos, e assim fazer uso delas.

Uma das principais idéias dos movimentos é seu reconhecimento da importância de muitos tipos diferentes de conhecimento — tácito, vivido, teórico — para uma compreensão plena de um problema ou fenômeno. Na sua forma mais radical, o realismo crítico admite a existência de diversos níveis de ser, ou realidade. Ele mostra como a atividade experimental na ciência social pressupõe a existência de estruturas ou mecanismos sociais que geram ou produzem fenômenos mais ou menos diretamente observáveis. Essas estruturas e mecanismos não são em si mesmos diretamente observáveis — embora em alguns casos possam ser. Eles precisam ser descobertos, através da experimentação, da investigação de várias pistas e com controles empíricos de espécies diferentes, o que já implica a probabilidade de diferentes tipos de conhecimento: a existência de formas diferentes de ser requer tipos diferentes de saber se esses níveis distintos precisam ser compreendidos. O conhecimento, por exemplo, dos efeitos das estruturas ou mecanismos pode ser alcançado através da experiência direta ou de pistas que funcionem através de experiência mais indireta. Por outro lado, é mais fácil obter o conhecimento das estruturas em si através da construção e experimentação de hipóteses teóricas que têm por base o conhecimento de efeitos passados e presentes.

Essa abordagem à ontologia estabelece uma visão marxista crítica influente no radicalismo de todos os novos movimentos, uma visão que identificou níveis de realidade subjacentes ao mundo dos eventos diretamente observáveis, mas sem negar a realidade e as conseqüências reais dessas aparências. Na ciência natural, as estruturas atômicas — e, por trás delas, suas configurações eletrônicas — que produzem os fenômenos observáveis da matéria seriam um exemplo de tais mecanismos. Na ciência social, onde estão ausentes condições fechadas, de laboratório, e onde os critérios dos agentes das estruturas e da posição e perspectiva social do cientista social estão todos, de certa forma, envolvidos, um exemplo poderiam ser os mecanismos da subordinação doméstica, cultural e econômica que produzem a posição das mulheres como objetos de exposição. A representação das mulheres enquanto objetos sexuais em si é motivada por efeitos culturais que reforçam mais profundamente mecanismos não necessariamente observáveis de opressão. Portanto, ao compreender um problema (ou, colocando em termos políticos, ao desenvolver uma estratégia de mudança), o realismo crítico coloca a necessidade tanto de se levar em conta a própria percepção das pessoas de suas circunstâncias quanto a de trazer outras evidências e hipóteses para a investigação, se possível com as pessoas envolvidas, dos mecanismos causais em funcionamento, dos quais essas pessoas podem não estar conscientes devido, por exemplo, à existência de condições desconhecidas ou de motivações inconscientes.

Dessa forma, os realistas críticos justificam a atenção dos movimentos sociais para com a linguagem, a cultura e a expressão de identidades distintas, mas compreendem-nas como relacionadas a estruturas subjacentes de poder. Diferentemente do pós-modernismo, contudo, eles são capazes de sustentar filosoficamente a hipótese da maioria dos ativistas de movimento de que existe um mundo real, independente do conhecimento deles — e de que esse é o objeto de seus esforços de transformação. Mas, ao contrário de inúmeras formas de positivismo, os realistas críticos interpretam essa hipótese de uma maneira que não reduz a realidade a uma estrutura ou a um nível de realidade.

Um mundo diferenciado

A teoria da natureza diferenciada e estruturada da realidade oferece uma base flexível para a ênfase inovadora que muitos ativistas dos novos movimentos colocam na organização autônoma e formação de alianças em torno de questões condicionalmente específicas e/ou convergentes, em apoio a um partido político. Essa prática política pressupõe uma pluralidade de estruturas diferentes. Algumas delas são vistas como estabelecendo relações hierárquicas umas com as outras — embora isso seja uma questão para a pesquisa e a experiência empíricas.

O valor que os novos movimentos dão ao questionamento conjunto desse conhecimento cotidiano surge de um sentido de si mesmos enquanto agentes da mudança social. Conhecimento e ação estão intrinsecamente ligados. O realismo crítico fornece uma base para isso ao rejeitar a hipótese positivista convencional de que fatos e valores são totalmente separados, e ao demonstrar o caráter de valor de nosso conhecimento do mundo. Isso é ilustrado diariamente no modo como reproduzimos ou transformamos instituições sociais. Um novo conhecimento a respeito das conseqüências de nossa aceitação passiva em relação a essas instituições pode levar as pessoas a agir de maneira transformadora em suas próprias vidas.

O "modelo de transformação da atividade social" do realismo crítico demonstra como as estruturas sociais existem em virtude de indivíduos que as reproduzem ou transformam. Tal teoria implica — contrariamente ao modelo determinista do positivismo — que a reprodução e transformação da sociedade dependem dos critérios dos agentes em relação a estruturas e relacionamentos de que participam. Esse modelo de transformação estende o reconhecimento da teoria crítica acerca da importância do significado que as pessoas dão à própria ação de reconhecerem a relevância da consciência subjetiva nas estruturas materiais de poder econômico e político. Ele nos retira do fatalismo da teoria crítica concernente a essas estruturas sem levar ao voluntarismo.

Na fase inicial dos novos movimentos, as energias recém-liberadas pela descoberta do poder coletivo encorajaram um voluntarismo inicial tanto do indivíduo quanto do coletivo. O realismo crítico se protege contra isso em sua análise, dirigindo nossa atenção para as relações sociais — como Marx fez em sua importante obra — e não para indivíduos atomizados ou coletividades supra-individuais, como chave explanatória para a compreensão de tendências e eventos sociais. Sem um entendimento das relações sociais mediando o comportamento individual e a reprodução ou transformação de estruturas sociais, a esquerda tende a abandonar o jacobinismo voluntarista para cair no estruturalismo determinista, conforme "as massas" estejam aquiescentes ou revoltadas. Os realistas críticos mostram como a natureza das estruturas sociais depende de relações sociais, entre capital e trabalho, ministros e servidores civis, pais e filhos.[21] Conseqüentemente, embora seja a atividade dos indivíduos o que transforma ou reproduz essas relações, tais relações de que os indivíduos participam, no entanto, são anteriores a eles. Essa "visão relacional" está bem de acordo com o caráter distintivo da nova esquerda: ela emergiu, a partir de 1956, como reação aos coletivismos burocráticos da social-democracia e da União Soviética e, ao mesmo tempo, foi incentivada pelo individualismo exagerado do *boom* consumista. Seu modelo implícito de sociedade envolve relações relativamente duradouras, mas transformáveis, entre indivíduos, e não a soma da ação individual (o individualismo) ou totalidades supra-individuais (coletivismo burocrático).

O conhecimento enquanto produto social

Como poderiam essas ferramentas conceituais ajudar os movimentos sociais de esquerda a esclarecer as implicações mais amplas de sua alternativa prática à direita neoliberal?

Hayek nos apresenta uma opção entre uma prisão aberta e uma fechada, pois sua noção individualista do conhecimento o leva a uma escolha francamente restrita entre falibilidade e falsas reivindicações de onisciência. Isso implica a opção política entre a severa justiça do neoliberalismo, entendida como resultado casual da atividade individual, e o planejamento central de um partido que diz conhecer todos os nossos interesses. Na origem dessa escolha sem esperanças encontra-se a maneira como a visão de Hayek do conhecimento rompe o vínculo entre intenção humana e resultado social, tornando acidental — e não produto da criatividade humana — o mecanismo da evolução. A maior parte dos ativistas politicamente mais conscientes dos novos movimentos sociais têm uma alternativa. Mas a opção de Hayek tem uma capacidade de resistência impressionante, pois repousa sobre sólidas bases teóricas, apesar de todas as evidências práticas que apontam outras direções. O realismo crítico nos ajuda teoricamente a justificar, aprender e transmitir a prática alternativa. Especificamente ele o faz ao fornecer as ferramentas para a teorização das noções práticas dos ativistas dos movimentos a respeito do caráter variado e social do conhecimento.

O conhecimento, como a linguagem, não é um atributo físico ou natural dos indivíduos. De acordo com o realismo crítico, tem de ser, portanto, um atributo dos indivíduos em razão de seu caráter social, sua participação, ativa ou passiva, em relações com outros dentro de estruturas herdadas. E se é social, terá aspectos históricos e relacionais, em graus variados. Isso significa que o conteúdo, a distribuição e a estrutura de qualquer área específica do conhecimento existem antes de qualquer indivíduo em particular existir. O indivíduo nasce em meio a um legado de conhecimento, mas a maneira como esse conhecimento e sua organização são reproduzidos ou transformados depende dos indivíduos que dele participam, seja passiva ou ativamente.

Se aliarmos essa compreensão do conhecimento como estrutura social à visão inicial de Hayek do caráter falível, disperso e efêmero do conhecimento, chegamos a uma conclusão bastante contrária à dele: as pessoas vão mobilizar sejam quais forem os recursos que puderem, inclusive a cooperação com as outras, ou o controle de outras, para superar as limitações de seu conhecimento e desse modo chegar mais perto da realização de seus propósitos. Isso é um fator que explica por quê, por exemplo, o mercado não funciona e provavelmente nunca funcionou da maneira como Hayek o concebe. Desde a criação dos mercados, produtores e vendedores vêm usando quaisquer recursos a sua disposição para trazer para si o conhecimento que lhes permite influenciar o mercado a seu favor. E as formas diferentes de como as economias de mercado se desenvolvem é evidência de que eles (empregadores, sindicatos, governos) têm algum sucesso. O resultado nem sempre é exatamente como eles esperam. Mas, por outro lado, quando detêm o poder, inclusive conhecimento amplo ou meios de controlar o conhecimento, seus propósitos, sem dúvida, exercem influência direta na evolução de instituições de mercado.

De maneira similar, os indivíduos que criam as redes de organização do movimento social estão reunindo, a cada oportunidade, o conhecimento de que necessitam para entender os mecanismos sociais em funcionamento e agir para influenciá-los, firmá-los ou revertê-los. No caso dos movimentos feministas, pacifista e ecológico, eles tiveram algum sucesso. O que distingue historicamente os novos movimentos é sua política de conhecimento que rompeu com a confiança na razão científica como provedora de um mapa social completo para a intervenção política. No entanto, em sua visão, os limites profundos e variados que reconhecem na razão não rompem o elo existente entre suas intenções e o resultado social almejado com suas ações, por mais tênue que ele seja. Boa parte de sua prática indica uma crença na possibilidade de, através da organização social, ampliar e combinar um conhecimento fragmentado para ganhar não "um quadro completo", mas uma melhor compreensão dos mecanismos sociais em funcionamento, de modo a dirigir seus esforços para que suas intenções possam ser mais eficientemente alcançadas.

O conhecimento e a democracia: algumas implicações

Como essa abordagem estabelece soluções para o problema da ordem social? Em primeiro lugar, ela elimina como empiricamente impossível tanto a ordem contingencial do modelo naturalista de evolução social quanto a ordem proveniente de um projeto centralizado (até mesmo os regimes autoritários do bloco soviético foram incapazes de controlar a sociedade como pretendiam). Além disso, se, contrariamente à teoria contingencial da evolução social, o mecanismo desta evolução forem os projetos conscientes e objetivos de grupos e indivíduos que transformam seu ambiente social através de tentativa e erro, então surge a questão de que procedimentos e critérios usar para uma estrutura justa e ordenada dentro da qual esses projetos possam ser executados. Assim processos de julgamento público democrático mais uma vez devem entrar na equação, potencialmente em todos os níveis da sociedade, após a tentativa de Hayek de substituí-los por processos elitizados de descoberta e proteção de supostas leis de evolução e civilização.

Mas a "democracia" não pode ser vangloriada como se seu caráter nunca fosse significativamente alterado por uma nova abordagem ao conhecimento. Como forma de governo, seus programas são inevitavelmente, ainda que muitas vezes invisivelmente, sustentados por hipóteses relativas a manobras da economia, política e ordem social que podem ou não ser conhecidas, de que maneira e por quem. Fazendo-se uma retrospectiva, fica evidente que os diferentes arranjos institucionais que alegam ser a democracia o "governo pelo povo" têm sido e continuam a ser implicitamente influenciados por uma série de crenças a respeito do conhecimento e das capacidades de diferentes setores da sociedade. No século XVIII, Tom Paine colocou a necessidade de uma forma de governo que despertasse as capacidades humanas normalmente desperdiçadas como fundamental para sua defesa de um governo representativo e dos direitos políticos que deveriam acompanhá-lo: "Parece ser um consenso geral que as revoluções criam gênios e talentos, mas elas não fazem mais do que trazê-los à tona. Existe no homem uma massa de sentidos adormecida e que, a não ser que alguma coisa a desperte para a ação, descerá com ele, neste Estado de dormência, para o túmulo. Como é vantajoso para a sociedade que suas faculdades sejam empregadas em sua totalidade, a construção do governo deveria ser tal que trouxesse à tona, através de uma operação silenciosa e regular, toda essa capacidade que nunca deixa de aparecer na revolução."[22]

Uma vez alcançada a democracia representativa, porém, suas formas foram determinadas por representantes do trabalho e por líderes políticos com visões menos generosas a respeito das capacidades humanas "comuns" e bastante influenciadas pelas filosofias de engenharia social que vieram a dominar a esquerda. A crença da fabiana Beatrice Webb, por exemplo, de que "o homem médio é capaz de descrever seu problema, mas incapaz de prescrever uma solução" sem dúvida influenciou a deferência do partido trabalhista britânico à qualificação técnica dos servidores civis mais antigos, impedindo a abertura dos órgãos do governo aos próprios membros qualificados do partido. E Webb estava apenas expressando abertamente uma hipótese largamente compartilhada tanto por intelectuais socialistas quanto por líderes trabalhistas.[23]

Uma visão do conhecimento que, ao contrário, valide dimensões teóricas, experimentais, tácitas e sociais tem implicações radicais para o caráter da democracia. As formas democráticas inovadoras dos novos movimentos sociais ilustram algumas dessas implicações.

As inovações podem ocorrer tanto nas formas de democracia, enfatizando processos de autogoverno participativo quanto na extensão dos níveis da sociedade em que as questões da democracia são consideradas relevantes. A democracia, para esses novos movimentos, é uma matéria para as instituições da vida cotidiana: as instituições de trabalho, de bem-estar social e a comunidade, bem como as instituições do Estado. À medida que os projetos desses movimentos têm tido que mudar para sobreviver — diante das pressões do mercado ou da repressão do Estado —, ou que têm refletido como difundir suas redes ou generalizar a partir de suas experiências, eles têm experimentado novas formas de coordenação social e econômica que não são de mercado. E têm explorado formas de regulamentação independentes de autoridades políticas escolhidas por afinidade, mas mantendo prudente parceria com elas. Em alguns países, principalmente em níveis locais ou regionais, foram forjadas novas formas precárias de representação através das quais novos partidos de esquerda buscam representar não só eleitores individuais, mas também movimentos capazes de transformar as instituições sociais independentemente do Estado.

Por fim, a política dos novos movimentos percorreu um longo caminho desde que em 1968 os estudantes pediram "todo poder à imaginação". Desde a vitória do general De Gaulle nas eleições do final de maio de 1968, passando pela derrota da greve dos mineiros na Grã-Bretanha e o fracasso dos Verdes na Alemanha ocidental, que não conseguiram ganhar representação no Bundestag, os movimentos sociais de esquerda têm tido bastantes experiências de derrota e perda. Em vários momentos, estes movimentos foram subestimados, sendo considerados apenas como fruto de uma revolta adolescente e passageira, no sentido literal e político. A idéia aqui implícita é a de que vão amadurecer e fornecer sangue novo para os partidos social-democráticos existentes. E, sem dúvida, alguns ativistas dos movimentos sociais se filiaram a esses partidos. Em qual, porém, são fiéis à política de seu movimento: como as feministas alemãs, que fizeram uma bem-sucedida campanha pelas cotas de representação das mulheres na liderança de comitês do SPD ou dos militantes negros que vêm reivindicando reconhecimento de seus direitos à organização autônoma dentro do partido Trabalhista. O que é mais significativo é que suas políticas distintas sobreviveram a uma variedade de projetos. Muitos deles são em certa medida institucionalizados, às vezes através de fundos públicos, através da necessidade de sobreviver em um ambiente de mercado, ou como concorrente, no processo eleitoral. Mas, ao se tornarem organizações, ilustram as possibilidades práticas de um novo tipo de esquerda, mais capaz de responder ao que é visto como fracassos do socialismo na Europa oriental. Muitas vezes, os participantes estão inconscientes da significação mais ampla de suas inovações, são realistas em sua modéstia, já que essas inovações são quase sempre incompletas e comumente estão implícitas na prática. Mas vale a pena investigá-las, pois oferecem ferramentas parcialmente testadas para tal alternativa.

NOTAS

1. Ver Daniel Cohn-Bendit, em *Magazine Littéraire*, 8 de maio de 1968; Sheila Rowbotham, em Sheila Rowbotham, Lynne Segal e Hilary Wainwright, *Beyond the Fragments* (Londres, 1981).

2. Isaac Deutscher, *The Prophet Armed: Trotsky 1879-1921* (Londres, 1954), *The Prophet Unarmed: Trotsky 1921-29* (Londres, 1959), *The Prophet Outcast: Trotsky 1929-40*

(Londres, 1963) e *Stalin: A Political Biography* (edição revista, Londres, 1966); André Gorz, *Strategy for Labour* (Boston, 1968).

3. William Outhwaite, *New Philosophies of Social Science* (Londres, 1987) e Jürgen Habermas (Cambridge, 1994).

4. Paul Connerton, *Tragedy of Enlightenment* (Cambridge, 1980).

5. Nairn, *The Beginning of the End* (Londres, 1968), p.129.

6. Werner Hülsberg, *The German Greens* (Londres, 1988), p.51.

7. Jürgen Habermas, *Theory of Communicative Action*, vols. I e II (Cambridge, 1987).

8. Werner Hülsberg, *The German Greens* (Londres, 1988) e Charlene Spretna e Fritjof Capra, *Green Politics* (Londres, 1985).

9. Karl Marx e Friedrich Engels, *The German Ideology*, em *Collected Works*, (Londres, 1965), p.87; ver Gajo Petrovic, "Praxis", em Tom Bottomore (org.), *A Dictionary of Marxist Thought* (Oxford, 1983).

10. Fernando Claudin, *The Communist Movement* (Londres, 1977).

11. V.I. Lenin, *Collected Works* (Londres, 1965), p.422; também M. Liebman, *Leninism under Lenin* (Londres, 1975) e E. Mandel, "The Leninist Theory of Organisation", em R. Blackburn (org.), *Revolution and Class Struggle: A Reader in Marxist Politics* (Londres, 1977); Sam Farber, *Before Stalinism* (Londres, 1991).

12. Martin Shaw, "The Making of a Party", *Socialist Register*, 1978.

13. Rosa Luxemburgo, *The Russian Revolution and Leninism or Marxism* (Michigan, 1961), p.76-8.

14. Ibid., p.15.

15. David Harvey, *The Condition of Postmodernity* (Oxford, 1990); Kate Soper, *A Meeting of Minds* (Londres, 1991); Kate Soper, "Postmodernism and Its Discontents", *Feminist Review*, 39; R. Braidotti, *Patterns of Dissonance* (Cambridge, 1991); Christopher Norris, *Intellectuals and the War* (Londres, 1991); H. Dreyfus e P. Rabinow, *Michel Foucault* (Hemel Hempstead, 1982).

16. Karl Popper, *The Logic of Scientific Discovery* (Londres, 1959); Ludwig Wittgenstein, *Tractatus Logico-Philosophicus* (Londres, 1961).

17. T.S. Kuhn, *The Structure of Scientific Revolutions* (2ª edição, Chicago, 1970); Imre Lakatos, "The Rationality of Scientific Research Programmes", em seu *Criticism and the Growth of Scientific Knowledge* (Cambridge, 1976); Paul Feyerabend, *Against Method* (Londres, 1975).

18. J.L. Austin, *Philosophical Papers* (Oxford, 1962).

19. P.F. Strawson, *Individuals* (Londres, 1951).

20. Roy Bhaskar, *A Realist Theory of Science* (Sussex, 1978).

21. Roy Bhaskar, *Reclaiming Reality* (Londres, 1988).

22. Tom Paine, *The Rights of Man*, em *The Thomas Paine Reader* (Londres, 1987), p.277.

23. Fred Whitmore, "British Socialism and Democracy in Retrospect", em Sean Sayers e David McLellan (orgs.) *Socialism and Democracy* (Londres, 1991).

CAPÍTULO 5

Autogestão, redes econômicas e novos partidos

Autogestão: a Escola de Mulheres de Gotemburgo

As feministas que fundaram a Women's Folk High School em Gotemburgo, na Suécia, estavam reconsiderando seus princípios quando as conheci, em fevereiro de 1990. Tinham se passado cinco anos desde a fundação da escola e elas estavam sentindo que a energia nascida de um movimento de mulheres influente e de seu próprio despertar político e pessoal estava se perdendo. Essa escola com capacidade para o ensino de 100 mulheres adultas e equipe de 24 responsáveis pelo ensino, creche e administração — com amplo leque de cursos de idiomas, artesanato e acadêmicos, é um exemplo ambicioso e bem-sucedido do novo tipo de instituição pública de gestão autônoma que os movimentos feministas têm estimulado.

No saguão da escola está pendurada uma árvore genealógica do conhecimento, feita de retalhos, com um tronco de veludo marrom que se ramifica em folhas e um fruto em tons de seda verde e vermelha. Simboliza ambos, o propósito da escola e o orgulho das artes femininas voltadas para uma causa feminista. No topo da árvore se encontra uma figura bordada da Casa das Mulheres, o foco, nos anos 70, do Movimento de Liberação das Mulheres de Gotemburgo.

Foi em reuniões na Casa das Mulheres que a idéia da escola tomou forma, na metade dos anos 1970. Por volta de 1979, a Casa das Mulheres mantinha 20 turmas noturnas, que inspiravam os principais cursos da escola. O símbolo desses cursos é a fruta sobre a árvore bordada. Letras de seda cor-de-rosa em um fundo verde coberto de rostos de mulheres de todas as cores simbolizam os cursos para imigrantes; um galho carregado de letras de cetim brancas anuncia a matemática e outros cursos que oferecem certificados reconhecidos de conclusão. Também estão representados estudos sobre a paz e cursos de ecologia.

Esses cursos satisfaziam uma necessidade que a rede pública não conseguia cumprir. Algumas mulheres vinham procurá-los porque o currículo era especificamente elaborado para mulheres e a atmosfera era de colaboração. Para outras, os cursos ofereciam novas oportunidades de aperfeiçoamento e a possibilidade de treinamento em áreas de tecnologia, como a metalurgia, trabalho normalmente considerado inapropriado para mulheres.

Como o número de feministas envolvidas com a educação aumentou, o mesmo aconteceu com seu compromisso: "Dizíamos umas às outras: por que não podemos fazer isto em tempo integral?", lembra Stina Sundberg, uma feminista de 24 anos, da geração mais nova que se incorporou ao núcleo original. "Víamos a necessidade de uma escola que superasse todas as que funcionavam aqui."

Por mais de cinco anos a escola tem crescido regularmente apresentando apenas um ou dois problemas maiores. Seu orçamento anual está agora em torno de 1 milhão de libras esterlinas. O número de alunas em tempo integral agora é de 100 e elas manifestam opiniões positivas sobre a escola. Um número crescente de organizações de mulheres está se envolvendo nos seus cursos de curta duração. Ela é altamente respeitada — ainda que não completamente compreendida — nos círculos educacionais. Mas enquanto instituição fundada e gerenciada por feministas, estabeleceu também novas estruturas democráticas influenciadas pelas idéias do movimento inicial de liberação das mulheres.

As mulheres de Gotemburgo desenvolveram suas formas de autogestão dentro de condições estabelecidas pelo Conselho Educacional do governo responsável pela fundação das Folk High Schools, escolas secundárias populares. Trata-se de um raro exemplo na Suécia, a terra da administração estatal, de serviço custeado pelo setor público que é gerenciado de maneira autônoma. Propriedade parcialmente financiada por movimentos sociais e auxiliada pelo governo regional e local, recebe também uma pequena fração de sua verba do governo federal, através do Conselho Educacional. Este conselho exige que a constituição da escola inclua um único professor-chefe e um conselho de indivíduos nomeados.

Central à visão pessoal das mulheres dos princípios de fundação da escola existia um ideal de "compartilhar a responsabilidade pelos cuidados com a escola". Este era ao mesmo tempo o compromisso comum e a base para o sucesso do projeto. Significava que a democracia era tanto uma questão pública quanto uma questão pessoal. Sundberg descreve a importância de um sentido particular de responsabilidade: "É um processo em que você não pode pular fora — você tem sempre que fazer alguma coisa em relação ao problema em questão. É um processo íntimo de tentar imaginar como a democracia deveria funcionar. Afeta os seus próprios sentimentos e o seu modo de pensar. E lhe dá a possibilidade de desenvolver a democracia em toda parte."

No fim, a responsabilidade sempre pede ou conquista sua própria recompensa. As inexplicáveis hierarquias de poder, a apropriação da informação e a responsabilidade seletiva reforçam umas às outras, mas quando a estrutura de poder é "horizontal" e há partilha do conhecimento, elas só resistem se a responsabilidade é compartilhada por todos. A distribuição da responsabilidade não pode ser apenas um imperativo moral — precisa estar ancorada na organização do trabalho no dia-a-dia da escola.

O primeiro obstáculo para se conseguir essa difusão de poder, informação e responsabilidade foi o conceito de professor-chefe. As mulheres de Gotemburgo não fizeram objeção a que uma professora fosse formalmente a chefe: a pessoa que assinava cartas e cheques e, quando apropriado, falava em nome da escola. O que não aceitaram foi a idéia de uma pessoa ter responsabilidade geral. O rodízio desse cargo entre as professoras não iria, acreditavam, solucionar o problema. Não faziam objeção apenas à concentração de poder e informação nas mãos de uma pessoa em particular, mas sim à idéia de uma estrutura com um único foco de responsabilidade, que tende a reduzir a contribuição dos outros participantes e estimular deferência à autoridade mais elevada.

As mulheres decidiram que uma delas deveria ser "professora-chefe" formal por um período de dois anos de cada vez. Ela receberia um salário especial de professora-chefe devido aos encargos burocráticos adicionais que teria de assumir. Mas trabalharia com duas outras mulheres em bases iguais em todos os outros aspectos, compartilhando a responsabilidade pelos cuidados básicos com a escola: orçamento, negociações com o governo e questões relativas ao desenvolvimento, tais como o retreinamento de professores. O Conselho de Professores da escola criaria pequenos grupos de trabalho para auxiliar a professora-chefe em cada uma dessas áreas. Uma das professoras normalmente se torna a professora-chefe seguinte; a terceira é a que acaba de cumprir seu mandato. Cuida-se para que todas as três tenham tempo para continuar ensinando e se revezem no trabalho de limpeza e rotina do escritório.

Em relação ao ensino regular da escola, o Grupo de Professoras-chefes responderia perante o Conselho de Professores. Nas questões estratégicas financeiras e de desenvolvimento, a diretora da escola e o Conselho de Professores se subordinam à Junta de Educação. As professoras se reúnem toda semana durante uma tarde inteira. Decidem a divisão do trabalho e o trabalho do Grupo de Professoras-chefes, estabelecem grupos de trabalho e escolhem a substituição anual do Grupo de Professoras-chefes. Também é aí que são ventilados os problemas e feito o intercâmbio de críticas construtivas. Professores diferentes tomam parte na reunião e têm um tempo para falar.

É necessário que cada membro da equipe desempenhe algum papel no ensino, inclusive as três mulheres cuja responsabilidade principal é a administração do escritório. Há também uma regra geral segundo a qual cada professor deve dedicar várias horas de trabalho por semana ao serviço de escritório, respondendo a pedidos de informações pelo telefone e outras tarefas que não exijam capacidade especializada.

Por trás desse entrecruzamento de divisões tradicionais de trabalho encontra-se a crença de que a responsabilidade compartilhada exige que as pessoas tenham uma noção suficiente do trabalho umas das outras para que se compreendam as limitações e prioridades com que cada um lida em seu trabalho. Não é que todos devem saber de tudo, mas sim, como afirmou Lena Greenwood, que tomava conta da biblioteca e ensinava inglês, que devem saber o suficiente para "ter respeito pelas condições de trabalho uns dos outros e compartilhar problemas com base no pressuposto de que as pessoas sabem do que você está falando".

O esforço consciente para entender o trabalho do outro é importante porque o processo de ensino natural e inevitavelmente afasta os professores de um convívio mais intenso na equipe. Os 17 professores ficam em seis salas de aulas em dois prédios; fazem suas refeições acompanhados principalmente dos alunos. Os breves momentos em que estão na sala da equipe são normalmente momentos de preparação ou recuperação individual. A colaboração na administração da escola teve de ser conscientemente trabalhada porque os valores alimentados pelo ensino no dia-a-dia tendem a favorecer a especialização pedagógica, inevitavelmente distanciando o professor de valores mais cooperativos necessários para gerir uma escola.

Já para as mulheres que trabalham no maternal, coesão não é problema. Seis professoras de maternal treinadas são responsáveis pelo cuidado com as crianças e pelo ensino pré-escolar para os filhos de todas as que trabalham ou estudam na escola. Seu processo de trabalho permite um tipo bem mais intenso de cooperação que a das professoras da escola. Na compacta área da creche, no andar de cima da escola, com suas duas salas de jogos e cozinha/refeitório, a equipe literalmente trabalha em conjunto o dia todo. Encontram-se de manhã cedo, antes que os outros funcionários da escola cheguem para o trabalho, e planejam o dia. Ajudam umas às outras a ensinar, entreter e disciplinar 20 crianças de idades e bases lingüísticas diferentes. Administrar a creche e trabalhar na creche são sinônimos. A divisão administrativa do trabalho é primitiva: uma mulher é responsável pelo orçamento, outras duas representam a creche na junta e outra, no Conselho de Cursos.

As alunas, como as professoras, as professoras-chefes e as professoras do maternal têm seus próprios grupos democráticos através dos quais influenciam tanto as questões que dizem respeito diretamente a elas quanto o andamento geral da escola. A base das alunas é seu grupo de curso. Cada grupo de curso tem uma sala de que as alunas cuidam como se fosse própria. É nesta sala que fazem uma reunião semanal, conversando primeiramente entre si e depois com a professora do curso. Atendem aos pedidos, às vezes exigências, desta, além de trabalharem em projetos de cursos e no planejamento das próximas semanas. Também elegem sua representante no Conselho de Cursos, escutam os relatórios dela sobre as reuniões prévias, trabalham idéias sobre os temas da próxima reunião. Dessa forma, e através de assembléias ocasionais na escola criadas para a discussão de questões de maior importância, as alunas têm uma influência real: "É muito importante que todos influenciem; que todos tenham essa sensação de poder", disse Britt Grandin, uma aluna do Curso de Estudos da Mulher que, junto com suas colegas, tinha acabado de colocar à sua professora, com sucesso, uma lista de requisitos a respeito de como todas queriam que o curso fosse reorganizado.

Esse processo também faz parte de sua educação quanto às possibilidades da democracia. Rita diz: "No início, foi estranho descobrir que se era capaz de mudar as coisas. É difícil encontrar as palavras certas nas reuniões. Você não está acostumada àquela liberdade e então, de início, não consegue aceitá-la. Leva tempo e discussão, discussão na sua turma. Você começa a se ver de uma maneira nova."

O mecanismo através do qual os três círculos separados da escola se conectam é o Conselho de Cursos, a cada quinze dias. Nessa reunião — presidida, como no Conselho de Professores, por uma professora diferente eleita previamente — representantes de todos os setores da escola (uma professora-chefe, duas professoras, duas professoras do maternal e duas alunas) decidem questões de interesse geral. Quase sempre os temas discutidos são problemas de organização do dia-a-dia que um grupo em particular não consegue resolver. Na primeira reunião do período letivo da primavera, por exemplo, o grupo responsável pela alimentação relatou que o dinheiro não estava dando porque algumas pessoas estavam fazendo refeições sem pagar. Cartazes solicitando o pagamento não tinham resolvido o problema. Seria convocada uma assembléia especial de toda a escola. Como pode o Conselho de Cursos ajudar? Havia inúmeras questões a serem discutidas, desde o horário de abertura da creche até o número de palestrantes a serem convidados.

É importante fazer uma distinção entre a área de atuação do Conselho de Professores e a do Conselho de Cursos. O Conselho de Professores tem a palavra final sobre o trabalho especificamente educacional da escola. O Conselho de Cursos, por outro lado, lida com as questões que dizem respeito às equipes de funcionários e alunos enquanto membros da mesma instituição: alimentação, limpeza, palestrantes convidados, uso das dependências e assim por diante.

Não é apenas o fato de haver conselhos, grupos de cursos ou de trabalho e outras atividades de autogestão, que responde pela constituição democrática da escola. Seus estatutos já afirmavam que uma escola deveria ser um meio de aprofundar as metas do movimento das mulheres. Quando Sundberg se reuniu com autoridades governamentais para levantar fundos para a escola, não se viu agindo como futura funcionária pública nem como parte de uma parceria privada, mas como parte de um movimento social. Nem a escola é um braço do Estado, nem é governada pelo mercado. Sua ligação com a sociedade mais ampla se dá através da integração com as diversas redes do movimento das mulheres e, em última instância, através da responsabilidade perante os governos local e federal, no sentido de cumprir determinadas exigências em troca da verba pública. Institucionalmente, essa ligação é mantida através da Junta de Educação.

Na legislação da Folk High School, a Junta de Educação é o representante das finanças da escola e, em termos legais, a empregadora do pessoal. Women's School Foundation Trust (os membros do Movimento de Liberação das Mulheres de Gotemburgo que criaram a escola) criou a Junta de Educação e, com exceção das representantes eleitas de partes diferentes da escola, nomeou seus primeiros membros. "Nosso objetivo era que fosse uma mistura do que está acontecendo na escola, o que está acontecendo na sociedade e o que está acontecendo nos círculos políticos da Suécia", explicou Lilian.

Todas as que participam da junta são responsáveis pelo cumprimento de determinadas tarefas. Algumas são responsáveis por representar as preocupações das professoras, do pessoal da creche e das alunas; outras foram nomeadas para a junta devido a envolvimentos externos e seu compromisso de usar esses contatos no interesse da escola. Este último grupo não é formalmente representativo, então não se encontra sob a pressão direta de ser responsável externamente — mas é responsável perante a junta. O objetivo das fundadoras da escola era criar uma instituição que pudesse estimular a mudança. No centro da árvore do conhecimento da escola encontra-se, bordado em cetim branco sobre uma fruta vermelho-escura, um ponto de interrogação — um símbolo das mudanças futuras que não podem ser previstas.

As estruturas da escola funcionam tão bem em parte devido aos valores da instituição. Um de seus princípios definidores é o de que ela é administrada por mulheres para mulheres. Os homens podem visitar, mas não podem participar do trabalho da escola. Não se trata de uma ideologia separatista, mas sim uma crença de que a autonomia das mulheres em relação aos homens é necessária para desafiar o poder masculino. "Devemos ter um espaço só nosso enquanto enfrentarmos a opressão nesta sociedade", diz Eva. Autonomia é o ideal democrático fundamental da autodeterminação, com base no qual se pode optar por uma infinidade de relacionamentos com os outros (nessa instância, homens). O mesmo se aplica em relação à escola. A maior parte das funcionárias e alunas são ativistas em partidos políticos, sindicatos e outras organizações mistas. Mas o propósito da escola é desenvolver a capacidade das mulheres de fazer escolhas independentes em relação a sua própria vida.

"Você não se sente do mesmo modo como se sente com os homens", disse Rita, que trabalha com homens em sua comunidade, em um comitê de jovens. "Com as mulheres, você tem mais liberdade para ser o que quer que seja, porque não tem que se defender." O problema, para ela, não estava em querer impressionar os homens, ou em se ver fazendo deferência aos homens, mas no fato de que "você tem medo de não ser respeitada enquanto pessoa; você tem que pensar em como fazer com que eles escutem o que você está dizendo". O compromisso da escola com as mulheres tinha o objetivo de reverter tais processos de desvalorização. E fazê-lo de um modo que associasse autodesenvolvimento com respeito por outras mulheres e solidariedade com outras pessoas silenciadas de diferentes formas. Os resultados aparecem em comentários de alunas a respeito da cultura da escola. "Você é considerada importante; no passado, você não contava", diz Mary, que veio para a escola de um centro de viciados em narcóticos. "Você aprende a escutar os outros e respeitar outras mulheres", disse uma mulher turca. "Você tem que se sentir responsável pelos seus estudos. Se eu não trabalhasse, o grupo não existiria", disse Rita, que antes trabalhava numa creche do Estado.

Está claro que a idéia dos valores femininos fica visível para qualquer visitante. Suas fundadoras conscientemente optaram por criar uma escola que iria permitir às mulheres ganhar coragem para fazer as próprias escolhas no mundo como ele é, inclusive a escolha de se organizar para transformá-lo. Os valores expressos no dia-a-dia da escola são ao mesmo tempo os frutos e o alimento da autonomia: um processo no qual as mulheres têm sido capazes de decidir quais aspectos de sua identidade passada querem preservar e quais querem descartar; que novos valores poderiam orientar suas vidas e como elas poderiam usar os que se mantiveram de acordo com suas novas prioridades.

A atmosfera do lugar é agradável, de colaboração: comida deliciosa; um salão convidativo para fumantes; uma biblioteca bem equipada e confortavelmente mobiliada; instalações limpas e claras, com as paredes cobertas por uma coleção extraordinária de fotografias e cartazes de todo o mundo. Essas mulheres se ativeram a um certo clima doméstico, mas o aplicaram de maneira generosa e coletiva a um propósito mais amplo. O trabalho doméstico e a cozinha são feitos coletivamente, em um rodízio dos grupos dos cursos — e, no processo, transformados em aulas de comércio agrícola e economia ambiental.

Em meados de 1989 a falta de verba acarretou uma grave crise, que colocou à prova as estruturas da escola. Falta de dinheiro significava que a escola tinha que reduzir a folha de pagamentos no equivalente a duas professoras. No final, duas das mulheres mais novas saíram. O episódio gerou angústia e apreensão, com as pessoas saindo para as férias de verão sem saber de fato o que iria acontecer. Um trimestre depois, no início de 1990, as estruturas que compunham a escola ainda não estavam completamente recuperadas.

O Conselho de Professores, liderado pelas fundadoras, mais antigas, instintivamente se responsabilizou pelas decisões — sem qualquer objeção da junta, que era formalmente responsável. Olhando em retrospectiva, a presidente da junta, Anna Moffat Spak, acredita que se a Junta de Educação tivesse levado a sério seu papel estratégico distinto, teria sido capaz de encontrar uma solução mais feliz. O Conselho de Professores estava absorvido demais com o funcionamento diário da escola para chegar a uma decisão mais sábia com relação à crise financeira. E ao tomar a si a responsabilidade, criou conflitos internos de interesse que talvez nunca tivessem surgido na junta.

Com efeito, as fundadoras tinham subconscientemente usado uma abordagem típica dos primórdios do movimento das mulheres. Os delicados mecanismos que desenvolveram para resistir às desigualdades de poder dependem do reconhecimento de pontos de inevitável conflito de interesses. Envolvem a criação de estruturas abertas que tragam essas áreas para uma negociação democrática. A crise de redundância revelou que a consciência e a formalidade em relação às características essenciais desses mecanismos eram insuficientes. As estruturas eram tidas como ponto pacífico. As razões para elas não foram explicitadas nem para as novas alunas nem para membros mais antigos até que a crise forçasse uma discussão.

A experiência da escola aponta, assim, alguns problemas, bem como pontos fortes da forma feminista de organizar e abordar o conhecimento na tarefa prática de construir uma instituição. A abordagem organizacional herdada do início do movimento das mulheres tendia a um comunalismo indiferenciado, um reconhecimento insuficiente da complexidade que surgia de interesses diferentes, às vezes conflitantes, entre mulheres, sejam quais forem os outros interesses que elas tenham em comum. Também contavam com uma abordagem do conhecimento que às vezes resvalava do reconhecimento da validade do conhecimento experimental para a consagração da experiência subjetiva. A suposição do "experimento, logo conheço" nega a possibilidade de que um problema possa ser experienciado de formas diferentes e de posições diferentes, gerando diversas contribuições distintas ao conhecimento. E, para um entendimento completo, essas contribuições diferentes necessitariam ser comparadas, debatidas e sintetizadas. No que se refere à organização, tal abordagem opõe-se às estruturas formais necessárias para reunir diferentes fontes de conhecimento com o fim de alcançar a solução que melhor satisfaça interesses comuns.

As fundadoras da Escola de Gotemburgo deram muitos saltos além do otimismo inicial do movimento das mulheres no que diz respeito à "desestruturação" informal. Enquanto professoras e, em muitos casos, socialistas, seu respeito pelo conhecimento proveniente da experiência prática não as levou a conscientemente privilegiar sua própria experiência. As estruturas cuidadosamente pensadas da escola foram produto da percepção das mulheres das estruturas desiguais existentes ao lado do mito da falta de estrutura dentro de suas próprias organizações. No momento em que passaram a planejar a escola, as mulheres de Gotemburgo já tinham começado a inventar estruturas apropriadas visíveis.

A formalização das estruturas em cuja direção as mulheres já estavam trabalhando, exigia, como lhes ensinou a crise, um reconhecimento explícito de diferenciação, assim como de integração. Diferenciação de função, do tempo que cada mulher individualmente poderia dedicar à escola e do envolvimento diverso das mulheres no movimento feminista. Essas experiências distintas foram reconhecidas como fontes potencialmente valiosas de perspectivas diferentes e às vezes conflitantes, servindo como exemplo da importância da autonomia para um processo de gestão democrática a ser desenvolvido, no qual o conhecimento de todos é utilizado e desenvolvido ao máximo. Importante ressaltar que no caso todas são mulheres, muitas delas da classe trabalhadora, imigrantes, anteriormente desempregadas, cujo conhecimento e capacidade são geralmente subutilizados.

A Escola de Gotemburgo é influenciada pelas tentativas do movimento das mulheres de combinar os aspectos emocionais da vida com os intelectuais e cognitivos. A democracia da escola tem um forte componente cultural e não é exclusivamente racionalista. As alunas e funcionárias manifestaram sentimentos de auto-afirmação, confiança e poder pessoal compartilhado. No processo de ensino, as professoras trabalham conscientemente com uma variedade de métodos para reconstruir egos gravemente prejudicados.

O que importa é a interação de uma cultura cívica cooperativa com uma estrutura de poder participativo. O desejo de "chegar à raiz" da opressão das mulheres através do despertar da consciência estava evidente na abordagem da escola aos próprios problemas. Nenhuma generalização direta iria satisfazer as professoras ou membros da junta que tentassem resolver a crise de redundância. A resposta tradicional envolveria uma rendição às formas convencionais de gestão: uma professora-chefe firme, que reduzisse os efeitos da crise. Muitas experiências radicais, que carecem de uma abordagem radical do conhecimento, sucumbiram a esse tipo de prática. E, em momentos de desespero, as mulheres às vezes sentiram que essa solução seria um alívio, pois elas poderiam simplesmente voltar a se dedicar ao ensino em particular e esquecer dos outros problemas. Em janeiro de 1990 houve uma sensação de incerteza generalizada, em relação à criação de novas estruturas, mas elas perseveraram, conversando e analisando, trazendo especialistas de fora da escola para as discussões. Com efeito, voltaram a examinar a questão da conscientização em busca da causa básica do problema estrutural para compreender o que tinha dado errado.

Por mais inéditas que fossem as circunstâncias, a Escola de Gotemburgo é, apesar de tudo, um contra-argumento vivo à opção de Hayek pelo poder onisciente que impõe um projeto social à evolução ou pela defesa de resultados supostamente casuais da atividade individual. Aqui está um mecanismo social em que as mulheres ganham suficiente compreensão da comunicação consciente e da partilha do conhecimento, ambas estruturadas e informais, e em que elas podem desenvolver um senso comum de propósito e conhecimento em relação à direção social que estão tomando. No entanto, não existe uma visão geral única. De qualquer ângulo, as estruturas são transparentes.

Novas redes econômicas: três experiências

Enquanto assistia a um seminário informal sobre Privatização e Democracia Econômica em Praga, na primavera de 1991, perguntei a Tadeusz Kowalik, o conselheiro veterano do sindicato livre polonês Solidariedade, que valores ele tinha em comum com seus colegas mais próximos da oposição. Depois de uma longa pausa, ele disse: "Os valores de John Stuart Mill." Uma citação dos *Principles of Political Economy* de Mill resume bem o que ele quis dizer: "Se a humanidade continuar progredindo, a forma de associação que espera-se que predomine não é a que pode existir entre um capitalista como chefe e o povo trabalhador sem poder de decisão, mas a associação dos próprios trabalhadores com base na igualdade, sendo coletivamente proprietários do capital com o qual desenvolvem suas operações e trabalhando sob a direção de gerentes eleitos e destituídos por eles próprios." Essa combinação de autogestão dos trabalhadores e mercado é importante porque contesta a idéia de que o empresário do setor privado é o único que tem acesso ao conhecimento necessário para administrar a economia. Desafiar a ordem capitalista, seja por intermédio de sindicatos ou comunidades, exige esforços no sentido de se democratizar e socializar o conhecimento econômico, com ou sem ajuda do Estado.

Três tipos de experiência ilustram como tentar mudar a distribuição do conhecimento econômico. Todos indicam a importância de redes populares para o compartilhamento do conhecimento econômico e o aumento das possibilidades de acesso a elas para a conquista de uma economia democrática e socialmente justa. Mesmo quando o alcance do autogoverno econômico se vê gravemente restringido por concentrações excessivas de poder econômico, há pessoas compartilhando e desenvolvendo o conhecimento ao longo de toda a cadeia de produção dos bens. Vejamos a experiência de uma das classes mais organizadas de trabalhadores — a dos da indústria automobilística — e a experiência daqueles que se vêem mais isolados pela natureza do seu trabalho — os que trabalham em casa. Vejamos também exemplos de redes democraticamente organizadas de trabalhadores, cientistas e consumidores que desafiam o rumo atual da mudança tecnológica e, no âmago do processo de projeto, concebem alternativas. Suas organizações — por exemplo, o sindicato deu início a Centros de Inovação Tecnológica na Alemanha e a Redes de Tecnologia em Londres — permitiram formas de conhecimento tácito que o mercado existente ignora ou impede que se expressem na prática.

1. Redes entre empresas transnacionais — Em meados dos anos 70, uma rede ativa de sindicalistas da Grã-Bretanha, Alemanha Ocidental, Holanda, Itália e Brasil reuniram-se para discutir a inércia tanto dos governos quanto das estruturas sindicais desses países diante da crescente globalização de importantes corporações. A prioridade desses sindicalistas foi a de reunir informações, provenientes dos próprios sindicalistas e de pesquisadores envolvidos no projeto, com o propósito de fomentar intercâmbio para ficarem sabendo o que a empresa em que trabalhavam estava planejando e que inovações na indústria iriam moldar suas opções, assim como para comparar salários e condições. Ao mesmo tempo, ex-estudantes da geração de 68, conscientes do próprio privilégio, testavam formas de engajamento político que os colocavam numa relação prática com organizações da classe trabalhadora.

Por toda a Europa ocidental, surgiu um novo tipo de pesquisa na qual um pequeno número de acadêmicos trabalhavam diretamente com os sindicalistas locais, com o fim de investigar as atividades das empresas transnacionais. Independentemente uns dos outros, surgiram vários projetos: Counter Information Service (CIS — Serviço de Contra-informação) em Londres, que produziam relatórios contra as atividades de empresas como a Rio Tinto Zinc, General Electric e British Leyland (focalizando especialmente seus interesses na África do Sul); SOMO (uma fundação para a pesquisa de multinacionais) em Amsterdam; um trabalho sobre a Siemens realizado na Universidade de Constanz; na Itália, pesquisadores comprometidos trabalharam com o FLM, o sindicato dos metalúrgicos. O compromisso dessa geração de intelectuais críticos em relação às lutas do Terceiro Mundo os levou além das agendas convencionais do movimento sindicalista oficial. Todos queriam, por exemplo, fazer campanhas contra os baixos salários com que suas empresas renumeravam os trabalhadores na África do Sul.

Em 1974, um livro influente, *Global Reach*, de Richard Barnet, que documentava o gigantesco poder oculto das novas corporações transnacionais, foi publicado pelo Institute for Policy Studies (IPS), em Washington. Mais recentemente, nos anos 80, os fóruns internacionais organizados pelo TIE, um núcleo transnacional de representantes sindicais preocupados com questões de estratégia, deram aos sindicalistas uma oportunidade vital de avaliar mudanças nas estratégias gerenciais e de coordenar suas respostas. Após um período de sérias derrotas na Europa ocidental, esses sindicalistas estão, mais uma vez, tentando dar pelo menos um passo à frente. Isso ficou evidente através de uma série de conferências sobre o "toyotismo" em Barcelona; as novas técnicas gerenciais em São Paulo, tendo como anfitriã a militante CUT, a central única dos trabalhadores no Brasil; a indústria de autopeças em Wolverhampton, na Inglaterra, reunindo trabalhadores do setor de autopeças com os trabalhadores da indústria automobilística, e conferências de trabalhadores de todas as ramificações globais da General Motors.

Os sindicalistas da Ford Motor Company foram particularmente ativos no desenvolvimento não só de um intercâmbio de informações e de uma rede de solidariedade, mas também de um mecanismo internacional para a elaboração de políticas. O objetivo era formular políticas que viessem a influenciar a negociação nacional e as estratégias de campanhas. A relativa sofisticação estratégica dos sindicalistas da Ford foi criada pelo caráter do desafio que enfrentavam em relação à sua gerência — a Ford estava na vanguarda da reorganização das estruturas gerenciais em nível global. Por volta de meados dos anos 70, estava bem preparada para responder à intensa concorrência internacional depois de reduzir sua força de trabalho. Não tinha compromisso de longo prazo de sediar sua produção em país nenhum.

Como no caso do trabalho do TIE, o propósito do Ford Combine — com uma associação informal com o trabalho do TIE na indústria automobilística — era compartilhar o conhecimento localizado de trabalhadores em determinadas fábricas com a ajuda da pesquisa das tendências mais gerais daquele setor. Isso dava a cada grupo de trabalhadores separadamente, em sua própria fábrica, e em conjunto através do sindicalismo do Combine, uma base para ação mais eficaz. Ilustrava também uma nova abordagem à estratégia econômica. A organização internacional entre chão-de-fábrica, escritório e trabalhadores de laboratório oferece uma base para o desenvolvimento de políticas originadas do conhecimento internacional. (E é crucial que essa organização se dê em nível do local de trabalho, no nível do conhecimento interno, e não no de autoridades sindicais regionais ou nacionais.) As políticas poderiam ser executadas em inúmeros pontos diferentes do império da corporação, mas teriam como base o extenso conhecimento interno desse império.

Steve Riley, de Dagenham, membro executivo do sindicato T&GWUA, mostra como os trabalhadores da Ford em Dagenham sugeriram uma alternativa como resultado de sua experiência com o Combine: "Os trabalhadores da Grã-Bretanha e outros países, através de laços e ligações internacionais, resolveram que iriam colaborar no planejamento da construção unitária (o número de carros fabricados por trabalhador), firmando um acordo também a respeito do número de carros que produziam e para onde iam." Governos e sindicatos poderiam então usar suas respectivas fontes de poder de negociação para barganhar essa política com a Ford — os governos em relação aos mercados, e os sindicatos em relação à oferta de mão-de-obra. Obviamente, isto pressupõe um alto grau de solidariedade internacional entre os governos simpatizantes no poder. Mas as políticas internacionalmente acordadas pelos trabalhadores envolvidos não são só mais eficazes no controle das transnacionais, são também mais capazes de permitir que as tradições de solidariedade internacional de fato se enraízem em diferentes nações.

As iniciativas do Combine só raramente tiveram apoio de sindicato oficial ou político. Não foi, portanto, uma força duradoura. Ilustrou, porém, a possibilidade de uma nova abordagem à estratégia industrial, evitando tanto as pressuposições não garantidas de globalização do conhecimento por parte dos planejadores governamentais quanto o otimismo ingênuo de que as forças de mercado chegarão a uma solução adequada. Nessa abordagem, as organizações de trabalhadores se comportam um pouco como capitães de barcos rebocadores, com seu conhecimento experimental das condições do cais, guiando o imenso navio do Estado em direção a um local onde possa eficazmente intervir.

2. Organizar o conhecimento do desorganizado — O enorme contingente de trabalhadores em regime de meio-expediente, trabalhadores temporários, trabalhadores de pequenas empresas, profissionais que trabalham em casa ou que trabalham fora da fábrica precisam de fato de que o Estado aja em seu favor? Suas necessidades são tão óbvias (segurança material) que os políticos ou profissionais do Estado muitas vezes presumem saber as soluções.

Os profissionais que trabalham para seus empregadores em sua própria residência, com contratos temporários ou não e que, literalmente, estão "à disposição" da empresa, talvez experimentem as condições mais extremamente desfavoráveis no processo de compartilhar conhecimento. A idéia de que esses trabalhadores se organizem para fazer valer suas necessidades, sem falar que estabeleçam as bases para novas relações econômicas, parece utópica. Se existisse um dia uma razão para a engenharia social ou o paternalismo benevolente, seria a proteção desses trabalhadores, em sua maior parte, mulheres.

O trabalho feito em casa, além de tudo, é visto, na economia convencional, como insignificante ou anacrônico na nova divisão internacional do trabalho. A idéia de mulheres em suas cozinhas, rodeadas de crianças, costurando à máquina belos vestidos que serão vendidos com etiquetas da moda nos shopping centers do Ocidente, parece fotografia do Terceiro Mundo, condenada a se apagar com o desenvolvimento econômico. Mas na verdade é uma cena cada vez mais comum nas cidades da Itália e Grã-Bretanha e, em setores diferentes, na Holanda, na Alemanha e na França.

O número de profissionais que trabalham em casa está crescendo, assim como a difusão industrial de seu emprego. Como um barão feudal necessita dos servos, mas reluta em assumir o ônus de cuidar deles, do mesmo modo a corporação moderna precisa se ver cercada desse tipo de trabalhador para fornecer flexibilidade de oferta frente a um mercado incerto. Para tais empresas, a responsabilidade para com esses trabalhadores eliminaria o atrativo que possam exercer.

O advento do feminismo nos anos 70, muitas vezes convergindo com formas populares de organização de sindicatos e comunidades, permitiu que as vozes dos próprios trabalhadores autônomos fosse ouvida. Os esforços conjuntos de ativistas feministas e trabalhadores autônomos militantes produziram um impressionante leque de organizações: Centros de Apoio aos Profissionais que Trabalham em Casa (na Itália e Holanda), Projetos de Emprego e Campanhas das Mulheres que Trabalham Fora (Grã-Bretanha). Existe agora uma rede européia e internacional que compartilha informações confidenciais sobre o funcionamento das empresas com o fim de comparar e criticar as políticas de seus respectivos governos e formular suas próprias estratégias. Às vezes, se ouve falar de exemplos inspiradores nas organizações dos próprios trabalhadores autônomos. Estas se espalham como fogo através de redes ansiosas por modelos de desenvolvimento. A Self-Employed Women's Association (SEWA), na Índia, é um exemplo recente.

Passar de vítimas supostamente passivas a agentes econômicos que lutam por maior autodeterminação econômica envolve um novo tipo de aliança entre pesquisadores, políticos e trabalhadores organizados de maneiras não convencionais. Investigações sobre a natureza da indústria levaram rapidamente a uma constatação de que as alianças com quem está de fato dentro da indústria seriam muito mais complexas. A investigação completa do trabalho feito em casa é em si mesma um processo de estabelecimento de rede econômica. Devido ao seu caráter casual e não regulamentado do trabalho feito em casa, não existem estatísticas. Os sindicatos o consideram externo à sua esfera de influência. E de modo implícito, para muitas autoridades — que ignoram o trabalho feito em casa — o trabalho se faz no local de trabalho. Conveniente para elas, mas não para as mulheres para quem essa é a única chance de renda.

A bem conectada e extensa rede de trabalhadoras feministas preocupadas com os problemas das mulheres que trabalham e conscientes dos limites das organizações sindicais formais tem sido vital para o sucesso das redes de profissionais que trabalham em casa. Estivessem ligadas a sindicatos ou a organizações comunitárias, ou desenvolvendo pesquisa em tecnologia, elas sentiram a importância de acompanhar os problemas das mulheres, por mais fronteiras administrativas e organizacionais que tivessem que cruzar.

3. Socializar o conhecimento técnico e os meios de inovação — O que as combinações internacionais dos trabalhadores da indústria automobilística e organizações de trabalhadores autônomos deixou claro foi a maneira como as redes, iniciadas com vistas à autodefesa, provaram ser um impulso, por mais que frágil, no sentido de tentar exercer controle sobre o mercado em busca de uma política econômica positiva. O conhecimento incompleto das opções tecnológicas disponíveis é um limite à ação. A não ser que sejam projetistas de alto nível com acesso aos avanços tecnológicos internacionais, o conhecimento dos trabalhadores se limita à tecnologia do local onde trabalham. Isso quer dizer que quando a gerência introduz novas formas de tecnologia eles não têm muita alternativa. E quando a gerência é lenta na inovação, eles não têm idéia de quais seriam as melhores inovações por que lutar. A única saída é o acesso a fontes de conhecimento técnico externas ao contexto do trabalho, provenientes de especialistas.

No final da década de 1960 e durante a de 1970 um número crescente de técnicos e projetistas profissionais se incorporou a sindicatos, especialmente das áreas de engenharia e de informática. Uma significativa minoria desses sindicalistas de colarinho-branco era de estudantes de ciência e tecnologia. Ao levarem sua compreensão da tecnologia para as questões do trabalho, seu conhecimento forneceu uma fonte de autoconfiança que as ofensivas da gerência ameaçavam destruir. Uma minoria significativa desses sindicalistas técnicos questionou a idéia de uma marcha inevitável de progresso com a qual os sindicalistas deveriam necessariamente se alinhar. Em primeiro lugar, desafiaram usos particulares da tecnologia, como as armas atômicas e nucleares. Depois, os custos sociais das novas tecnologias da gerência caíram sob escrutínio: o estresse que induziam, os acidentes que causavam. Finalmente, projetistas e operários, no calor branco da revolução tecnológica, começaram a revelar as escolhas e valores envolvidos no próprio processo de projeto e inovação.

Por toda a Europa ocidental, uma minoria de cientistas e tecnólogos trabalhava com sindicatos e grupos comunitários para mudar os usos sociais e o contexto da ciência: Oficinas de Ciência na Holanda, o Projeto Utopia na Suécia, a British Society For Responsibility in Science.

Em 1975, o plano alternativo dos trabalhadores da British Lucas Aerospace concentrou esses desafios diferentes numa iniciativa de impacto. Os sindicalistas dessa empresa, que estava na vanguarda da tecnologia de defesa, decidiram que as táticas industriais tradicionais — tais como greves, ocupações e assim por diante — não estavam levando a lugar nenhum. Depois de dois anos de discussão e experimentação nas fábricas da Lucas por toda a Grã-Bretanha, e na esperança de conquistar o apoio do recém-eleito governo trabalhista, os sindicalistas da Lucas elaboraram um imaginativo plano de produtos socialmente úteis nos quais suas habilidades supostamente "redundantes" poderiam ser empregadas. O significado do plano Lucas está no que sua fama e influência indicam a respeito de tendências sociais mais amplas. Não teria tido o efeito que teve se não expressasse muitas aspirações compartilhadas. E de fato, onde quer que as negociações sindicais tenham permanecido fortes — Alemanha Ocidental, Holanda, Suécia, partes da Itália — outros trabalhadores e intelectuais engajados criativamente aplicaram muitos dos princípios do plano Lucas.

No final dos anos 70 e início dos anos 80, o sindicato dos metalúrgicos alemão criou comitês de conversão na maior parte das principais fábricas de armas alemãs. Foram criados Centros de Inovação nas principais cidades para os sindicalistas receberem aconselhamento sobre estratégias frente às novas tecnologias, análises de substâncias químicas ou maquinaria que apresentem riscos para a saúde e a segurança dos trabalhadores ou da comunidade e idéias para planos de diversificação no caso de fechamento ou redundância.

No início dos anos 80 a administração radical do Greater London Council (GLC) deu apoio a iniciativas populares para criar empregos, combinando habilidades com necessidades. Esse apoio político foi importante para a liberação de parte do potencial criativo de sindicalistas ativos. A perspectiva de apoio público estimulou os trabalhadores de uma grande cervejaria em Tower Hamlets, em Londres, de uma empresa de encadernação de livros em Southall, uma empresa de engenharia pesada em Acton, da indústria de móveis no leste de Londres e das Royal Docks — todas enfrentando perda de empregos — a fazer campanha em prol de alternativas detalhadas. Às vezes, isso significava produtos alternativos; outras vezes, novas formas de organizar a produção, novos mercados ou novas habilidades para a mão-de-obra. As propostas dos trabalhadores em geral tentavam identificar as necessidades que eles podiam estar enfrentando com as novas estratégias de marketing e o novo relacionamento com o setor público. Mas essas alternativas com base popular também rejeitaram o Estado como único a decidir sobre as necessidades. As alternativas dominadas pelo Estado não poderiam ser extraídas do conhecimento cotidiano tácito que essas organizações sindicais e comunitárias encontraram em suas experiências.

O GLC e seu órgão de investimento, o Greater London Enterprise Board (GLEB), experimentaram um mecanismo para propiciar diversos tipos de contato direto entre produtores, usuários, inventores e cientistas. Mike Cooley, um dos autores do plano Lucas, supervisionou a experiência. Nela foram criadas seis "redes de tecnologia" cruzando Londres. Três focalizavam tópicos específicos: a Rede de Energia e Ambiente de Londres, a Rede de Transportes de Londres e a Rede de Inovação de Londres; as outras três se baseavam em áreas geográficas: norte de Londres, sul de Londres e leste de Londres. Estas tinham, literalmente, o foco que teria uma rede entre usuários, por exemplo, inquilinos com problemas de moradia ou deficientes físicos incapazes de utilizar o transporte público. A maioria das redes estava baseada em politécnicas ou nas proximidades delas, para facilitar o acesso às instalações e o suporte técnico das equipes. Através da conexão com o GLEB, que ofereceu a verba inicial, as "technets" foram associadas a instalações para a produção.

Com isso se vislumbrou um novo estímulo à inovação. As necessidades foram combinadas com engenhosidade e capacidade produtiva. Mas não foi através de um plano imposto de cima para baixo, nem através de operações casuais do mercado, que se chegou aí. Houve, ao contrário, um processo de combinação, através de uma rede conscientemente estabelecida por instituições e grupos de pessoas — incluindo a autoridade local — com tipos diferentes de conhecimento prático e teórico, necessidades não satisfeitas e recursos não utilizados. Compreendeu-se o caráter da habilidade tácita: desde que funcionassem e os colegas próximos pudessem ver seu potencial, as inovações recebiam apoio. As redes tinham uma autonomia crucial para o seu papel.

Não há nada necessariamente democrático ou igualitário em relação às redes. A moderna teoria da administração vê as redes "ricas de informações" como uma chave para o sucesso no mercado. Em certo sentido, não há nada de novo nas redes enquanto ingrediente do sucesso nos negócios. No entanto, até recentemente não foram levadas em conta enquanto variável econômica porque nem a teoria neoclássica, nem a teoria de Hayek, conseguiram compreender a abrangência de um fator tão informal do desempenho industrial. Em sua teoria, os neoclássicos deixaram pouco espaço para os empresários da vida real com seu conhecimento imperfeito. Os hayekianos chegaram mais perto dos empresários reais, mas fecharam os olhos quando estes agiram como animais sociais, em vez de seres atomizados.

As redes econômicas produzidas pelos movimentos sociais e partes do movimento sindical envolvem divisão de tarefas, mas com um mínimo de hierarquia. Seu conhecimento, confiança mútua e poder dependem de sua autonomia em relação àqueles que dominam as decisões econômicas; são alimentadas por aqueles que detêm o conhecimento cotidiano. Nas redes mais eficazes, esse conhecimento cotidiano é combinado com o conhecimento teórico baseado em pesquisa de tendências mais amplas. Além disso, o processo de formação de redes é normalmente uma atividade de organizações formalmente abertas e democráticas que elegem regularmente os responsáveis pela manutenção da direção e da infra-estrutura da rede.

Uma característica invisível das redes de base popular é sua dependência do apoio de um pequeno número de profissionais de rede, como os cinco ou seis da equipe do TIE ao redor do globo, os vários trabalhadores em tempo integral nas lutas dos trabalhadores autônomos, o núcleo do pessoal das "technets". Eles se organizam horizontalmente, fazendo uso máximo das tecnologias da informação. Levantam fundos de uma variedade de fontes: igrejas radicais, autoridades locais, associações de caridade, sindicatos, doações individuais. Mas na ausência de apoio político contínuo, sua posição se torna precária.

Para que esses mecanismos básicos de socialização do conhecimento econômico tenham alguma chance de se tornar uma alternativa duradoura de organização da economia, eles precisam de aliados políticos: para fornecer infra-estrutura imediata; para lutar por instituições do Estado democrático e por um mercado socializado que utilize o conhecimento econômico prático que as redes acumulam e para colaborar em estratégias com o fim de romper as atuais concentrações privadas e corporativas de poder econômico de tal modo que a autogestão dos trabalhadores se torne possível. Eles precisam de apoio como o das balizas da rede de pescar, que permitem que a rede se mova na medida certa — e de alguns barcos de escolta, para espantar tubarões que por acaso venham rondar.

Novos partidos: três exemplos

Na sessão de abertura da Assembléia dos Cidadãos de Helsínqui, em outubro de 1990, o presidente tcheco Vaclav Havel, um dos mais conhecidos escritores de antipolítica, reiterou os temas de boa parte de sua obra de dramaturgo e foguista de caldeira antes das grandes mudanças de 1989: "O verdadeiro impacto social reside na força da verdade, na coragem da pessoa de chamar as coisas por seu verdadeiro nome, independentemente das conseqüências." No entanto, apesar da eloqüência de seu relato sobre a "arena diferente" em que se encontrou depois da queda do regime comunista, ele foi incapaz de resolver o problema central do governo democrático: qual a relação entre a "alta política" dos políticos eleitos e a política para as bases nos novos movimentos? Aqui, quero examinar três tipos diferentes de partidos políticos novos: o *Partido Verde* alemão, o *Partido Socialista do Povo* dinamarquês e a *Esquerda Verde* holandesa.

Nos últimos 25 anos, os movimentos sociais na Europa ocidental foram sérios rivais dos partidos tradicionais de esquerda — Social Democrático, Trabalhista e Comunista. Não rivais que jogam o mesmo jogo, mas rivais em um jogo mais monopolizador em campo vizinho, às vezes com discernimento, às vezes no caos, às vezes insultando os jogadores por cima da cerca, às vezes fazendo uma aliança tática. O que parece acontecer, na Europa ocidental, é uma rivalidade subjacente de métodos políticos, não uma rivalidade meramente partidária.

A rivalidade aparece nas pesquisas da Europa ocidental que medem o interesse do povo em política convencional e sua participação em atividade política não partidária. Embora o interesse na política e na participação em atividades não-oficiais como abaixo-assinados e campanhas tenha demonstrado um crescimento, a participação ativa dos partidos políticos tradicionais declinou nos últimos vinte e cinco anos. O refluxo, especialmente da juventude, dos partidos tradicionais não foi acompanhado por um fluxo equivalente em direção à filiação a outros partidos que mais diretamente reflitam as políticas do movimento social. (Um traço distintivo desses novos partidos de esquerda é uma baixa filiação, comparada com a extensão do apoio eleitoral que recebem.)

Os novos movimentos desafiaram o monopólio reivindicado pelos partidos de esquerda tradicionais da liderança da mudança social. As mulheres que administram centros para crises causadas por estupro, os invasores de casas que lutam por moradia, os sindicalistas em greve pela redução da semana de trabalho e os ativistas pela paz acampados em torno de uma base militar não desdenham o apoio dos partidos políticos — eles quase sempre fazem *lobby* por aliados — mas acreditam que já estão engajados em um projeto de transformação social. Além disso, vêem em sua forma de ação mais efeito imediato de que na dos partidos oficiais. Os ativistas de movimentos sociais são cautelosos quanto a permitir que os novos partidos pioneiros de suas causas tomem conta de suas atividades. Vêem com simpatia apenas os partidos políticos que apóiem a dinâmica de mudança social da qual eles próprios são a força motriz.

Entretanto, a autoconfiança dos ativistas dos movimentos sociais tem se combinado, de maneira crescente, com o realismo político. Houve momentos, durante os anos 70, em que pareceu que os novos movimentos poderiam varrer tudo que vissem pela frente. Suas forças são as de um exército guerrilheiro e brotam de sua base social diversa. Mesmo na derrota, suas lutas e organização têm uma base mais próxima da vida cotidiana da maioria das pessoas do que o populismo eleitoral episódico dos partidos políticos tradicionais. Ocorre, no entanto, com os movimentos o mesmo que com um exército guerrilheiro: enfrentam um inimigo centralizado. Embora a origem de sua força seja local, esses movimentos só conseguem alcançar suas metas se são capazes de se mobilizar contra o poder central. Além disso, algumas de suas metas — igualdade econômica, preservação ecológica e cumprimento das necessidades sociais — requerem uma tomada de decisões democrática com autoridade nacional e internacional obrigatória.

Quando os movimentos eclodiram, uma certa dose de coesão ocorreu espontaneamente. A descoberta do poder da auto-organização e da ação direta produziu uma explosão de energia. Ativistas recém-engajados estabeleciam conexões, iam a conferências, produziam boletins e criavam uma cultura política alternativa. Foi essa a base das instituições políticas alternativas na maior parte das principais cidades européias, como Kreuzburg, em Berlim, e Staatsliedenburt, em Amsterdam. De um modo geral, esses oásis culturais agora tornaram-se marginalizados exceto onde conseguiram uma voz política nacional.

Muitos movimentos de esquerda se deram conta de que uma presença pública sustentada, vital para se manter redes e projetos vivos, requer um foco, uma plataforma pública e recursos que, na maioria das democracias parlamentares da Europa ocidental, só podem ser alcançados através da representação em assembléias nacionais, regionais e locais. Isso fica evidente na criação de novos partidos diretamente a partir de movimentos extraparlamentares — os Verdes alemães são o exemplo mais notável, na influência combinada sobre os partidos de esquerda radicais existentes — como na Noruega, Dinamarca e Holanda — ou no uso criativo do poder local, como no caso do Greater London Council no início dos anos 80.

O problema que se apresenta é o de como garantir que esses representantes ajam em conformidade com os interesses dos movimentos. Em graus variados, os novos partidos influenciados por movimentos recentes têm em comum uma modéstia — pelo menos em teoria — a respeito de seu papel no processo de transformação social. Esta tem como base um ceticismo em relação a quanto uma vitória no Parlamento pode alcançar por si só. O propósito definido desses partidos é usar as instituições do Estado sobre as quais eles têm algum controle para dar apoio à ação dos cidadãos independentes, em vez de agir para que a mudança radical possa ser produzida principalmente de dentro da legislatura.

1. O Partido Verde alemão

Em março de 1979, num saguão de escola perto de Frankfurt, 500 delegados de um leque ideologicamente dissonante de organizações fundaram o que viria a se tornar o primeiro partido criado para servir aos propósitos políticos dos movimentos de cidadãos pós-68. Não estava em questão o fato de as várias organizações que davam seu apoio abrirem mão de seu poder em favor do partido. Ao contrário, o projeto era uma associação para fins limitados: uma campanha eleitoral em prol de uma Europa livre de armas nucleares. Ao mesmo tempo, outras organizações extraparlamentares faziam alianças eleitorais semelhantes para eleições locais.

Em janeiro de 1980, essas várias alianças reuniram-se em Karlsruhe para a primeira convenção do Partido Verde. A idéia era criar "uma voz parlamentar para os movimentos sociais" depois de o apoio maciço obtido pelo movimento antinuclear ter sido completamente ignorado no parlamento. Pelo fato de os partidos oficiais tentarem banir o protesto extraparlamentar, grande parte dos movimentos acreditou que um novo partido seria a única chance de suas reivindicações se fazerem ouvir. Muitos acreditaram que uma voz nacional eleitoralmente legitimada era a única maneira de a esquerda romper o isolamento.

Por derrubar a muralha de paranóia política que cercava a todos que perturbassem o consenso do pós-guerra, um ímpeto de unidade desenvolveu-se entre os desautorizados. As pessoas que se reuniram em Frankfurt e depois de novo em Karlsruhe desposavam muitas crenças políticas diferentes. Uma pequena minoria era de conservadores de direita, que logo se deu conta de que os Verdes não eram porta-vozes apropriados. A maioria dos ativistas veio a sentir a necessidade de uma voz política após um longo período de discussões e até gritos em meio ao imenso vazio político que não dava respostas aos movimentos estudantil contra o autoritarismo, feminista, pela paz e ecológico. Uma minoria significativa também se envolvera nos diversos grupos maoístas, dentro e fora do Partido Social Democrático.

Desde o início, os Verdes eram anticapitalistas. Um anticapitalismo não ortodoxo, impulsionado pela crença de que o crescimento ilimitado representava uma ameaça desastrosa à saúde do meio ambiente e das pessoas. Apesar da unidade, os primeiros desentendimentos, consolidados em disputas entre facções, foram a respeito de questões de estratégia e do papel do Parlamento na aliança com os social-democratas. Entre 1979 e a virada eleitoral inesperada dos Verdes em 1983, a necessidade de uma presença política pública, uma voz, era tão forte que as questões de estratégia passaram a ter importância secundária.

O efeito da presença eleitoral dos Verdes sem dúvida ajudou a transformar o Partido Social Democrático, de partido social-democrata mais conservador da Europa em um dos mais sensíveis aos novos movimentos. Ele adotou políticas contra as armas nucleares e boa parte da agenda ecológica e feminista dos Verdes. Permaneceu amplamente corporativista em política econômica e industrial em vez de curvar-se à ortodoxia monetária que varria a Europa. Esse modesto desvio para a esquerda não foi, porém, tEstado no governo.

2. O Partido Socialista do Povo dinamarquês

O Partido Socialista do Povo (SF) na Dinamarca teve início como uma dissidência do Partido Comunista dinamarquês. A divisão se deu em função da repressão pela União Soviética da revolta húngara em 1956, o que fez com que os descontentes do partido rejeitassem fundamentalmente os métodos políticos, o "centralismo democrático", dos partidos comunistas. Eles também acabaram com a definição simplificadamente obreirista das forças sociais que têm interesse na transformação socialista e erradicaram a filosofia subjacente de uma visão determinista, científica, teleológica do socialismo.

Por volta de 1960, debates sobre a Hungria e a Iugoslávia estabeleceram muitos dos fundamentos intelectuais da nova esquerda. O novo programa partidário do SF dinamarquês falava vagamente em apoio aos sindicatos e lutas da classe trabalhadora, mas em sua primeira década, foi principalmente um partido parlamentar, ainda que radical. Sua principal estratégia para a transformação socialista foi negociar uma aliança com os social-democratas. Após a coalizão, em 1967, o SF descobriu que lhe faltava poder para defender a indexação de pensões vinculada à inflação e os pagamentos da previdência social. Parte de seus filiados formou uma dissidência, os Socialistas da Esquerda Leninista, que ganhou seis cargos e, como força eleitoral, agiu no sentido de direcionar o partido para a esquerda. Depois disso, muitos de seus membros retornaram ao SF.

Durante a década de 1970, os ativistas dos novos movimentos e a minoria radical dos sindicatos se uniram ao SF. Essa nova geração de ativistas fez uso da abertura do SF para gerar uma democratização mais abrangente. Transformou a relação do partido com o sistema político, impulsionando suas atividades em direção aos movimentos sociais, abrindo canais diretos de comunicação entre esses movimentos e o partido e conseguindo o compromisso de 40 por cento das mulheres em cada comitê do partido. Substituiu a antiga liderança, que veio a se unir posteriormente aos social-democratas. Os novos ativistas criaram assim um partido que tem tido considerável sucesso eleitoral (11 por cento dos votos) e mantém elos próximos, apesar de basicamente informais, com lutas e projetos populares.

A atitude do partido em relação à aliança é objetivá-la, mas somente em termos de igualdade. Não pensam tanto em paridade parlamentar, mas numa igualdade que acreditam que só pode ser alcançada se trabalharem proximamente aos movimentos de base. As atividades do partido dependem, é claro, da força desses movimentos. Nas municipalidades da Din marca, onde a ecologia e os movimentos das mulheres são parte da vida diária, o SF muitas vezes mantém o equilíbrio de forças. Sua votação nas últimas eleições locais foi de 11 por cento — 4 por cento a mais que nas últimas eleições gerais.

A eficácia do SF em combinar uma estratégia parlamentar prática e municipal com o apoio contínuo aos movimentos militantes extraparlamentares resultou do fato de o partido não se tornar vulnerável a pressões no sentido de tornar-se "respeitável". O rompimento inicial e total com o Partido Comunista deu ao SF a liberdade de ser esquerda radical sem ter que provar que não é instrumento de Moscou.

Na prática, o SF tende a ser dominado por seu grupo parlamentar, apesar de seus compromissos com os movimentos e seus procedimentos para evitar tal dominação. Um novo líder, Holge Kay Neilson, de 40 anos, foi recentemente eleito após uma campanha eleitoral exaustivamente democrática, em que ele e seu oponente falaram para cada ramificação do partido por todo o país. Holge, radical quando estudante, em 1968, mas membro do Parlamento desde 1980, substitui Gert Peterson, fundador do partido. O partido está agora sensível às pressões para se desviar a ênfase nos esforços de mudança através de sindicatos e ações extraparlamentares.

3. A Esquerda Verde holandesa

Uma terceira forma de como a política dos movimentos sociais se tornou nacional foi o amálgama de diversos partidos de esquerda. A Esquerda Verde holandesa é um bom exemplo disso. Na primavera de 1989, o Partido Político Radical (PPR), o Partido Socialista Pacifista (PSP), o Partido Comunista dos Países Baixos (CPN) e o Partido do Povo Católico (EVP) formaram uma frente. Sob a insígnia de Esquerda Verde, obtiveram mais cadeiras — 6 em vez de 3 — numa campanha que teve maior impacto nacional do que quando trabalharam separadamente. Além disso, ativistas sem qualquer experiência nos partidos anteriores começaram a se filiar. Ativistas do movimento social não filiados também se faziam representar na direção da Esquerda Verde. Como disse Wil Evers, editor da publicação *Green Left*: "O impulso da Esquerda Verde veio dos movimentos sociais."

Os partidos que formavam a Esquerda Verde reconheceram o significado dos movimentos para o desenvolvimento de sua teoria e ação enquanto partido. À medida que fundiam suas diferentes organizações, procuravam construir uma organização que se baseasse no fato, como diz Joost Lagendak, "de que a maioria dos membros atuais e futuros do partido também fosse ativa em diversos movimentos sociais e campanhas com objetivos muito práticos e que só ocasionalmente iria querer se envolver profundamente com o partido". A elaboração de políticas da Esquerda Verde se nutre do conhecimento acumulado nas campanhas e projetos de pesquisa do movimento social. No processo, criou fóruns para discussão e ação conjunta através dos movimentos sociais que beneficiaram os movimentos bem como o partido.

Dos três tipos de partido, a Esquerda Verde tem sido o mais autoconsciente ao negociar relações formais com organizações do movimento social. Uma razão é que as organizações do movimento social na Holanda estão mais institucionalizadas que em qualquer outro lugar. Muitas delas, especialmente as que dizem respeito ao bem-estar social e direitos da minoria, recebem apoio financeiro de conselhos municipais — uma tendência fortalecida pela crescente influência da Esquerda Verde em nível municipal. Além disso, algumas delas acostumaram-se a negociar com partidos políticos devido às constantes tentativas destes de conduzi-las a comissões estatais que elaboram relatórios valiosos, mas que raramente apresentam resultados práticos. É interessante notar que nem o movimento pela paz nem o movimento antinuclear, ambos tendo como alvo questões que estão no âmago do poder do Estado, são bem-vindos nesse abraço paterno.

Joost Lagendjak dá outra razão para os esforços conscientes da Esquerda Verde de estabelecer relações de trabalho regulares com os movimentos sociais: "Uma vez que todos nós estávamos descartando os antigos hábitos partidários, tínhamos que pensar cada passo com muito cuidado; e fomos capazes de aprender com os erros dos Verdes alemães." Ele assistiu a diversas conferências dos Verdes alemães e como secretário internacional foi capaz de observar a angústia crescente da nova esquerda por toda a Europa ocidental.

A Esquerda Verde holandesa é, porém, ainda muito pequena, em especial se comparada à força dos movimentos sociais na Holanda. A Esquerda Verde tem uma votação nas eleições européias e locais de mais de 7 por cento. Eles têm 400 conselheiros, seis parlamentares (em um Parlamento de 150) e 17.000 filiados. Além disso, esse novo partido não está se demonstrando o principal beneficiário da derrocada da social-democracia na Holanda. É o partido liberal radical Democracia 66 (conhecido como D66) que está fazendo o maior progresso eleitoral. Apesar de suas novas estruturas, são ainda os antigos rostos das lideranças dos partidos originais, decadentes, que dão à Esquerda Verde a sua imagem. Talvez seja esta a explicação para o fato de ela ainda não representar um claro desejo de uma alternativa ao conservadorismo do trabalhismo holandês. Outro fator é que, em matéria econômica, o D66 tem se movimentado de acordo com a maré da economia neoliberal.

Examinando esses três exemplos e comparando-os com as experiências do sul da Europa, vê-se que o surgimento de partidos sensíveis aos novos movimentos do norte depende das conquistas tanto da democracia liberal quanto da social-democracia. Os movimentos, portanto, têm que defender algumas das características do Estado (especialmente a assistência social do Estado e suas assembléias eleitas) e pressionar no sentido de expandi-las, ainda que sob diferentes formas de gestão. Esses novos partidos não poderiam ser chamados de revolucionários no sentido ortodoxo, apesar do fato de, em suas políticas e prática, desafiarem a ordem econômica capitalista. Mas, como querem transformar essa economia, e não melhorá-la, não podem ser descritos meramente como reformistas.

Nos seus sucessos, os métodos dos novos partidos ilustram princípios radicalmente diferentes daqueles dos partidos Comunista ou Social Democrático tradicionais. Em primeiro lugar, existe um reconhecimento de diversas fontes de poder, que nascem da consciência dos movimentos sociais de seu papel na reprodução e portanto na transformação potencial das instituições sociais. O segundo princípio é uma apreciação das fontes de conhecimento de necessidades sociais e possíveis soluções não abrangidas pelos tipos de conhecimento científico disponíveis a uma liderança do Estado ou do partido. Esses partidos têm experimentado novos métodos de organização que reconhecem que eles não detêm o monopólio do conhecimento e o poder necessário para as mudanças que desejam.

O sucesso, portanto, dos partidos candidatos da nova esquerda depende, em primeiro lugar, de fazer avançar a capacidade dos movimentos de alcançar a transformação social e, em segundo lugar, do desenvolvimento de uma metodologia apropriada às capacidades dos movimentos. E isso envolve um rompimento radical com a maior parte dos métodos consagrados, ou melhor, incrustados nas instituições da esquerda tradicional.

A experiência dos Verdes alemães demonstra da maneira mais completa os fatores culturais que reforçam velhos modelos, especialmente as pressões que empurram aqueles que estão em posições de privilégio e responsabilidade para longe dos métodos políticos que envolvem risco e incerteza. Os Verdes alemães não fizeram qualquer tentativa de esconder os debates e conflitos internos, as dificuldades e as derrotas. A influência conservadora sobre o grupo parlamentar na República Federal Alemã foi particularmente forte: salários altos, a atenção da mídia e um bom número de assessores oferecem possibilidades de certo engrandecimento pessoal a que os sistemas de rodízio e partilha dos Verdes não conseguiram resistir inteiramente. Por outro lado, na base do partido, as atividades locais têm força própria. Beneficiam-se de instituições federais com autonomia regional reforçadas por uma constituição de partido em que independência de programa e iniciativa é questão de princípio. Esta demonstrou ser fonte de força prática para as tradições democráticas radicais que os Verdes aspiram praticar.

Com efeito, uma característica surpreendente de todos os novos partidos de esquerda é o fato de terem se tornado mais fortes em nível local do que nacional. Seu relacionamento distinto com as iniciativas de transformação social externas à prefeitura ou câmara de parlamentares tem um sentido mais claro localmente, onde as organizações do movimento social são conhecidas e compreendidas e onde é visível o resultado da cooperação com elas.

As intensas disputas entre facções no Partido Verde alemão, porém, muitas vezes impediram o fluxo entre campanhas locais e a elaboração federal de políticas. Todas as questões e todos os grupos se viram subordinados à disputa entre facções. Isto tornou-se parte tão aceita da vida do partido que uma vez, durante uma conferência, convocou-se um intervalo para permitir que as diferentes facções se retirassem e discutissem seus próximos passos.

Na Holanda, Dinamarca e Noruega, um partido que desenvolve relações de trabalho estreitas com movimentos extraparlamentares não entra em atrito tão direto como na Alemanha, e mais ainda na Grã-Bretanha — que é exceção à generalização de que os partidos da nova esquerda têm sido mais bem-sucedidos no norte da Europa. Mas mesmo na Holanda, Dinamarca e Noruega, há um certo fascínio pela atividade parlamentar, reforçado pelo impulso corporativista sobre os movimentos sindicais. Os novos partidos têm divisões e debates, mas não sofreram com o facciosismo contínuo que virtualmente paralisou os Verdes alemães.

Assim como as estruturas de Estado, dois outros fatores influenciam a capacidade dos novos partidos de romper com sucesso os métodos políticos tradicionais que conduziram a esquerda ortodoxa ao impasse. Em primeiro lugar, a força dos movimentos sociais que levou à sua criação. Em segundo lugar, a organização e constituição do partido e como elas eficazmente refletem as diversas fontes de poder e formas variadas de conhecimento com que o partido precisa trabalhar, para ser bem-sucedido.

A força e o caráter dos novos movimentos são influenciados pelas respostas que recebem do sistema político. Na França, por exemplo, o movimento antinuclear e pela paz quase desapareceu depois de 1981 e os movimentos gays e feministas também decaíram. O primeiro porque suas reivindicações foram completamente rejeitadas e eles não tiveram chance de fazer ouvir sua voz dentro do sistema político. Os últimos porque muitas de suas reivindicações foram atendidas, ainda que não de maneira que lhes permitisse participar em sua implementação. Na Holanda e Alemanha, em contraposição, os anos 80 testemunharam a maior mobilização de movimentos sociais, seguida da considerável institucionalização de sindicatos, projetos e serviços que ganharam verbas públicas de governos locais e regionais. Como é que os partidos da nova esquerda se adaptaram a essas mudanças?

Como todas as instituições sociais, os partidos políticos são marcados pelo contexto de seu nascimento. O Partido Socialista do Povo dinamarquês, por exemplo, teve um foco parlamentar, desde o seu nascimento, como dissidência da Terceira Internacional antiparlamentar. Na Dinamarca, foi preciso um rompimento e a derrota da maioria da liderança original do SF para desviar o partido na direção da simpatia pelos movimentos sociais. O resultado é um equilíbrio sensível entre estratégias parlamentares e extraparlamentares para a mudança. Os Verdes alemães, ao contrário, nasceram no ponto alto dos movimentos sociais, quando tudo o que queriam de um partido era sua representação. Esse pressuposto estava implícito em sua constituição, na idéia de "democracia das bases", que enfatizava o princípio de que as bases têm de controlar os líderes; de que os representantes não devem perder o contato com as bases; de que as bases têm de ser mantidas totalmente informadas e ter acesso a todos os processos de tomada de decisões do partido. Estava implícito que as bases representavam os movimentos sociais. Em algumas ocasiões, isso levava os ativistas do partido a substituir a si próprios pelos movimentos.

Há uma pressão sobre os Verdes alemães, como sobre qualquer partido novo, no sentido de "profissionalizar-se", ou seja, "tornar-se como os outros partidos do Parlamento". Para resistir a essa pressão, o partido necessita manter a integridade de seus princípios originais — e então buscar melhorar sua organização à luz desses princípios, em vez dos critérios da política convencional. Afinal, se aceitassem os critérios desta, com efeito estariam assinando sua desistência. Muitos dos procedimentos originais elaborados na constituição dos Verdes para garantir a democracia das bases não estão mais em financiamento. A prática do rodízio de cargos foi abandonada e uma elite profissional tomou conta do partido, ainda que seus membros não fiquem no mesmo cargo por tanto tempo quanto num partido convencional. A participação do partido não é tão elevada quanto a idéia de democracia das bases, pelo contrário, declinou sistematicamente, mesmo quando o número de votos obtidos pelo partido cresceu nas urnas.

CAPÍTULO 6

Preenchendo o vazio democrático

Os novos movimentos sociais têm importância? Se um dos traços distintivos dos movimentos que se desenvolveram na Europa a partir de 1968 foi sua socialização do conhecimento prático, de que maneira isso afetou o seu poder?

O impacto dos movimentos tende a ser invisível. Momentos de tumulto ou revolução são reconhecidos somente quando a ordem política se rompe. Mas o impacto cotidiano, cumulativo, de todas as reuniões, panfletos e projetos locais raramente é reconhecido. O único leve reconhecimento de que algo está acontecendo costuma ser a referência ocasional da mídia a "mudanças na opinião pública". Grande parte da prática desses movimentos no Ocidente ilustra uma abordagem do conhecimento que está subjacente ao seu potencial enquanto tipo distinto de agente político. Isso envolve, de um lado, um esforço consciente para se compartilhar, trocar e reunir conhecimento prático, bem como teórico, para sermos suficientemente capazes de alcançar uma mudança social intencional e eficaz. Por outro lado, acarreta, em termos ideais, um sentido autoconsciente dos limites de seu conhecimento, uma recusa a reivindicar a capacidade onisciente tão defendida pelos reformadores sociais do passado. Ilustrei como essa abordagem do conhecimento está estreitamente associada a uma abordagem radical e participativa da democracia que faz com que a prática dos movimentos tenham uma visão distinta do poder.

A ênfase dos movimentos tende a recair menos na tomada do poder, ou seja, assumir o comando das instituições existentes, e mais no rompimento das estruturas de poder estabelecidas e na criação de novas formas, embora, como já vimos, isso quase sempre envolva estabelecer domínios dentro das atuais estruturas. No processo de rompimento das estruturas estabelecidas, movimentos recentes criaram e recriaram suas próprias fontes de mudança de poder — dentro de instituições sociais, culturais e econômicas, em vez de políticas. A democratização do conhecimento não é, claramente, sua única fonte de poder: eles acumulam recursos, às vezes do setor público (por exemplo, centros de mulheres; centros de recursos sindicais; autoridades municipais comprometidas com zonas livres da ameaça nuclear; empresas cooperativas e com consciência ecológica), às vezes através de outras fundações com compromisso social (organizações sindicais radicais e organizações pela paz, por exemplo, beneficiaram-se do Conselho Mundial de Igrejas), às vezes através dos serviços em seus próprios nichos de mercado (livrarias alternativas, jornais, bares, clubes, produtores de filmes independentes, editoras) e às vezes através do espaço conquistado em instituições estabelecidas. Ganham influência cultural e política através de representação política direta ou através de alianças com outros grupos políticos.

Mas sua abordagem implícita do conhecimento, isto é, a alta prioridade que dão ao desenvolvimento coletivo de habilidades individuais para a transformação política, a forma como eles obtêm conhecimento que de outro modo seria ignorado, como expõem o conhecimento que de outro modo seria mantido em segredo, como compartilham o conhecimento que de outro modo seria disperso, são todas vitais para sua capacidade de exercitar uma forma distinta de poder. Pode, no entanto, esse poder disperso afetar o curso da história?

O movimento pela paz do início dos anos 80, vasto e de rápido crescimento, é o principal exemplo de um movimento social que teve um efeito inesperadamente significativo sobre o fim da Guerra Fria. Teóricos da esquerda e da direita aceitam a importância da ação popular nas fases finais da queda dos antigos regimes.[1] São exemplos disso as greves pré-1981 do Solidariedade, o êxodo em massa para o Ocidente via a abertura da fronteira húngara, as manifestações nas ruas de Praga para derrubar o Partido Comunista na Tchecoslováquia. Mas muitos dos mesmos analistas sustentariam que movimentos organizados, em sua luta constante por objetivos explícitos — como os movimentos independentes pela paz — não foram protagonistas eficazes nos acontecimentos que culminaram com o fim da Guerra Fria. Eles apontariam para o fato de que o movimento pela paz, afinal, não impediu qualquer governo ocidental de aceitar mísseis. E os movimentos pela paz e pela democracia no Leste — Novo Fórum e Charter 77, por exemplo — que se tornaram famosos durante os meses revolucionários de 1989 foram desde então marginalizados.

Tal análise, porém, usa medidas muito superficiais de mudança — do tipo já que não houve um terremoto, nada de significativo está acontecendo sob a superfície da terra. Os movimentos pela paz criaram pressões na base da sociedade e enfraqueceram as relações que a Guerra Fria, ao colocar em solo europeu os mísseis norte-americanos, tinha a intenção de fortalecer. Os movimentos dessa forma ajudaram a criar um clima internacional favorável à *perestroika* — relativamente, é claro: teria sido diferente se não houvesse constrangimento para Ronald Reagan e o Pentágono. Este é um fato que, segundo os observadores, teve uma influência significativa sobre Mikhail Gorbachev.[2] Além disso, a tentativa dos movimentos pela paz ocidentais de romper com a política de blocos inspirou e ofereceu apoio essencial para o desenvolvimento sem precedentes de um movimento pela paz independente no Leste. Isso, por sua vez, tornou-se um influente catalisador para a incessante pressão por democracia. Os efeitos dos movimentos pela paz tiveram uma influência nas câmaras de negociação das quais, fisicamente, estavam ausentes.

Minha conclusão (que só indica a necessidade de mais estudo) é a de que os movimentos ocidentais de esquerda que surgiram independentemente da política parlamentar nos últimos 30 anos têm em sua prática e, às vezes, em sua teoria, feito pressão e até mesmo dado exemplos no sentido de um novo tipo de método político, novas relações entre Estado, economia e vida social e novas formas de organização de partido e Estado.

Um ponto de partida comum

Tentei mostrar que é na rejeição fundamental dos movimentos ocidentais às estruturas de poder existentes, soviéticas bem como capitalistas, que eles têm um ponto de partida em comum com seus possíveis futuros parceiros no Leste, atraídos para a filosofia da direita neoliberal. Sob inúmeras formas diferentes, rebelaram-se contra projetos políticos que, por mais bem-intencionados que fossem, implícita ou explicitamente buscavam resolver problemas sociais para o povo através da intervenção do Estado ou partido onisciente. Os ativistas de movimentos, seja no Leste ou no Ocidente, rebelavam-se contra, entre outras coisas, a apropriação do conhecimento econômico e social pelo Estado, partido ou corporação. Apesar de todas as diferenças entre movimentos sociais no Leste e no Ocidente, porém, ambos se baseavam em uma apreciação, na prática, se não na teoria, da importância distintiva do conhecimento cotidiano ou não codificado.

Sob os regimes repressivos da Europa oriental, em que o exílio privado era o único meio de a maioria garantir algum sentido de identidade e satisfação pessoal, esse conhecimento cotidiano, o conhecimento do cidadão comum, foi facilmente compreendido como individual, inerentemente privado. O desafio de Hayek ao Estado onisciente na defesa do neoliberalismo, tem, conseqüentemente, apelo para os oposicionistas como filosofia política, ainda que essas pessoas viessem a discordar de outros elementos sociais e políticos do programa de direita que geralmente acompanha essas crenças.

Como argumentei nos Capítulos 3 e 4, existe uma base alternativa a partir da qual se reconhece e valoriza o conhecimento não codificado. Essa visão alternativa valoriza o conhecimento cotidiano mais do que a filosofia hayekiana, no sentido de que compreende que tal conhecimento, quando é compartilhado, pode ser a base para a mudança social intencional. Critiquei a visão atomística de Hayek do conhecimento experimental e a visão positivista, da engenharia social, do conhecimento teórico. Ao fazê-lo, procurei recuperar retrospectivamente da prática dos movimentos de esquerda do Ocidente os elementos de fundamentos radicalmente diferentes para a ação política.

Uma nova política do conhecimento

O ponto de partida para a maioria das investigações de concepções alternativas do conhecimento realizadas pelos movimentos tem sido a crença de que o caráter do conhecimento é resultado de processos sociais. Com base nisso, as pessoas podem agir para transformar a organização existente do conhecimento, se isso for visto como um fundamento das formas presentes de poder exclusivo. Essa compreensão gerou a confiança, que muitos desses movimentos compartilhavam, para ampliar o espectro das formas de saber. No início da formação dos movimentos, essa confiança foi vital para a maneira como os movimentos se desenvolveram. Fazendo uso do conhecimento prático experimental e do conhecimento tácito em suas práticas, eles derrubaram as cercas que na política convencional dividiam fins e meios, fatos e valores e que protegiam a neutralidade clínica do raciocínio instrumental.

A política dos novos movimentos, em sua frustração com a política tradicional, tentava mudar, de forma direta, quaisquer relações que fossem opressivas. Vieram a descobrir que havia limites se se queria agir independentemente das estruturas de poder estabelecidas, mas demonstraram a possibilidade de transformação através das ações daqueles que, embora aparentemente vítimas impotentes, na verdade formavam um conluio, reproduzindo relações sociais em função das quais sofriam. E os ativistas dos movimentos insistiam em afirmar que as percepções e experiências desses sujeitos marginalizados eram, conseqüentemente, uma fonte vital de conhecimento, capaz de orientar estratégias de mudança.

Entre as estruturas que muitos desses movimentos ativamente transformaram, dessa maneira, está a distribuição e a organização do próprio conhecimento. O contínuo processo de compartilhar conhecimento prático e combiná-lo com conhecimento teórico deu ao movimento poder e peso social. Aliada a esse processo, havia uma consciência auto-reflexiva da falibilidade e da necessidade de se descobrir constantemente fontes mais profundas de conhecimento. Com efeito, muitas das organizações produzidas por esses movimentos presumem que em vez de agir sobre leis definitivas, vaticinadoras, elas próprias estão se engajando em uma forma de atividade experimental — cada nova ação revela novas pistas a respeito das contradições das instituições que estão tentando transformar.

À medida que a história da esquerda extraparlamentar na Europa se encaminhava dos sucessos iniciais nos anos 70 para amplas derrotas nos anos 80, os movimentos tiveram que enfrentar divisões importantes, não simplesmente quanto à tática política, mas também no que se referia à experiência. Quando os ativistas aplicaram seu radicalismo aos problemas da vida cotidiana, enfrentaram formas materiais de diferenciação entre setores da classe trabalhadora, entre mulheres, dentro da comunidade local. Às vezes, o processo de experimentação se interrompia já com a celebração da diferença. Em parte como uma reação à imposição de unidade e a noções heróicas de uma classe trabalhadora homogênea, a diferença tornou-se fonte de identidade e base para a ação.[3] Outros, porém, se envolveram na viabilidade da construção de organizações duradouras nas localidades e nos locais de trabalho, atentando para a interconexão de tais diferenças. A consciência dessas interconexões levou a idéias de ação política assentadas na compreensão tanto das estruturas subjacentes em questão quanto do significado dos relacionamentos diferentes, às vezes conflitantes, que diferentes grupos de pessoas têm com essas estruturas. Tal abordagem evita noções falsas de unidade e liderança por tornar o caráter dessas conexões uma questão de pesquisa empírica, envolvendo diretamente as pessoas que as experimentam.

Hayek e o mercado socializado

Como mostrei, Hayek combinou uma visão ortodoxa da ciência com a defesa de formas de conhecimento experimental e prático ignoradas pelos teóricos econômicos ortodoxos de todos os matizes políticos. Com essa combinação, forneceu ferramentas intelectuais com as quais os conservadores da ordem econômica capitalista poderiam se adaptar e modernizar, nas garras dos desafios de baixo, e ao mesmo tempo reconsolidar o poder do governo central para manter a ordem. Sua teoria do conhecimento de "momento e circunstância particulares" deu margem à justificativa para se desregular e estender o mercado privado. Mas seu compromisso com a idéia de uma forma exclusiva de perícia científica capaz de classificar os padrões recorrentes de ordem social justificou um Estado de elite cujo papel era guardar a ordem criada pelo mercado não regulado.

A crítica da visão de Hayek do conhecimento, da ciência e da relação entre mercado e Estado e o esboço de uma alternativa tem muitas implicações para a política das sociedades contemporâneas. Assim, não é de surpreender que, já que Hayek formulava sua teoria do conhecimento como justificativa do mercado não regulado e como maneira mais eficiente de utilizar o conhecimento da população, este livro tenha ultrapassado um pouco a economia.

Um motivo para isso é que meu argumento acompanhou o desenvolvimento dos movimentos sociais cujas atividades abarcam a vertente entre economia e política. Isso é significativo porque elas representaram, de muitas maneiras, uma rebelião contra a existência dessa vertente. As atividades de muito estudante, feminista, inquilino e organizações de trabalhadores do setor público foram uma reação às formas de paternalismo do Estado conforme este se tornou cada vez mais envolvido com o mercado. Suas demandas fundiram o social e o econômico porque essa era a realidade da economia política. Eles tanto pressionaram quanto, às vezes, exemplificaram formas não-paternalistas de prover infra-estrutura e serviços, como no caso da Escola de Mulheres de Gotemburgo (ver Capítulo 5).

Outra razão para se analisar essa escola, e depois os novos partidos de esquerda, foi para desmentir a influente noção de Hayek de que todas as formas de intervenção pública na economia têm necessariamente caráter negativo, socialmente manipulador, e mostrar as implicações de outro tipo de rebelião, que se baseia numa apreciação diferente do conhecimento prático.

O modelo de Hayek presume que um equilíbrio econômico favorável só pode ser alcançado através do mecanismo dos preços. Outros economistas por muito tempo rejeitaram tal pressuposto. O conceito de "externalidades" — custos externos aos cálculos econômicos da empresa — passou a existir para tratar de algumas das falhas do modelo de livre mercado. Presume-se convencionalmente que as externalidades (incluindo os custos da poluição, da educação e da saúde) são de responsabilidade do governo, que devem ficar de fora dos cálculos do mercado. Pode-se dizer que, no âmbito desta crítica convencional de Hayek, os novos movimentos e a radicalização dos sindicatos trouxeram à luz uma outra escala de externalidades, fatores com impacto econômico não levado em conta nem pelo individualismo econômico nem pela limitada agenda da social-democracia. A influência dos novos movimentos chamou a atenção pública para, por exemplo, as conseqüências sociais da necessidade das mulheres de dar assistência aos filhos enquanto trabalham; do impacto psicológico do trabalho alienado das fábricas; dos efeitos distorcidos da Guerra Fria nas economias do Leste e do Ocidente; das conseqüências ecológicas de longo prazo da indústria não-regulamentada. Uma das mais importantes contribuições da nova esquerda para o ativismo sindical foi o de realçar tais custos sociais e modificar os cálculos econômicos de modo que levassem em conta fatores externos ao cálculo do mercado.

Os novos movimentos que são tema deste livro têm um caráter dualista em relação à economia: eles pressionaram para que certas questões entrassem na agenda pública e ao mesmo tempo prefiguraram novos mecanismos políticos, econômicos e sociais através dos quais tais questões pudessem ser rastreadas.

Os novos movimentos raramente fornecem modelos precisos. As condições políticas só excepcionalmente têm sido favoráveis a uma generalização maior das novas práticas. Mas a necessidade dos movimentos "não-oficiais" permanece estável — são necessários para impulsionar a democracia genuína nas instituições públicas de participação mais permanente que poderiam ajudar a criar.

Os movimentos sociais democráticos e sindicais recentes ilustraram a necessidade e a possibilidade de novos mecanismos políticos e econômicos de duas formas. Em primeiro lugar, inspiraram e pressionaram para a obtenção de verbas públicas para a criação de novas espécies de instituições que, com apoio político, pudessem tratar das falhas do mercado. Por exemplo, organizações que tiveram início como campanhas que expunham o escândalo da pobreza mostraram a necessidade de grupos democráticos não-estatais, nos quais os mal remunerados confiam, para monitorar a implementação da legislação sobre o salário mínimo; organizações de saúde e segurança e grupos ambientais comunitários demonstraram a necessidade do governo compartilhar o poder com organizações enraizadas nas comunidades e locais de trabalho para implementar legislação sobre tais questões; grupos de mulheres unidas para a melhoria da assistência à saúde demonstraram a necessidade de dar maior participação aos pacientes na administração do serviço público de saúde; organizações internacionais de trabalhadores demonstraram seu potencial como críticos informados do poder das corporações transnacionais.

Em segundo lugar, o estilo de organização dos novos movimentos exerce uma pressão contrária às disciplinas do mercado. Exemplo: os trabalhadores da indústria automobilística que colaboram em nível internacional para elevar os salários; os trabalhadores na indústria do cacau que se organizam contra os efeitos social e ambientalmente nocivos da pressão para se fazer cortes no preço das matérias-primas; trabalhadores autônomos que se organizam em busca de proteção contra a exploração; cooperativas que criam federações e compartilham recursos com o fim de tornarem-se mais fortes no mercado internacional; autoridades locais que estabelecem balcões e bancos de investimentos orientados por prioridades sociais e econômicas. Tais atividades são desempenhadas por pessoas que não estão se organizando contra o mercado em si — estão resistindo ao que é apropriadamente chamado de "anarquia do mercado"; são contra o mercado enquanto único determinante das oportunidades de vida e futuro de uma comunidade.[4] Você poderia argumentar que tal resistência tenta lesar o mercado. Mas então como fica o mercado?

Existem certas condições em que o mercado pode ser um meio de difundir informação econômica sem causar baixos salários, falência e desemprego.[5] A primeira condição é que uma parte significativa da atividade econômica independa do mercado ou envolva uma resposta cooperativa ao mercado; a segunda é que o que resta do mercado seja socialmente regulado e a terceira, que a informação coletada através do mercado seja apenas uma única fonte de conhecimento na tomada de decisões da empresa.

Uma solução com relação ao mercado de trabalho é a provisão de um salário básico de tal modo que os trabalhadores possam, se optarem por isso, viver sem participação no mercado de trabalho e ainda assim, quando participam, ter controle maior do futuro e do uso que fazem da informação provida através do mercado. O que resta do mercado de trabalho pode então ser regulado de acordo com padrões mínimos de treinamento, saúde e segurança, pagamento e horas, implementados através de legislação orientada, em sua concepção e implementação, pelas organizações de trabalhadores — as únicas que têm suficiente conhecimento dentro de seu setor para fazer de tal processo um sucesso. O resultado seria um mercado de trabalho que fornecesse informação ao futuro assalariado sobre onde ele pode dispor com utilidade de sua mão-de-obra e, dentro de uma escala limitada, que incentivos ele poderia auferir além de sua renda básica.

Em relação ao mercado de bens, há alguns bens cuja distribuição a sociedade decide fazer com apoio diretamente nas necessidades sociais básicas em vez de no mercado; por exemplo, moradia, assistência à saúde e transporte público. Esta lista poderia ser aumentada de acordo com o superávit social disponível: assistência à saúde alternativa e preventiva, telefones para aposentados idosos, acesso público a computadores e faxes a taxas não baseadas no mercado. Permaneceria, no entanto, uma vasta esfera de produção e consumo para a qual a informação sobre necessidades, gostos e disponibilidade seria por demais diversificada, variável e efêmera para se descobrir por outros meios que não o mercado. A informação que o mercado provê através do mecanismo dos preços seria complementada e equilibrada por outras formas de conhecimento concernentes a objetivos sociais tais como saúde da população e proteção do meio ambiente.

Minha ênfase na socialização do conhecimento, tanto prático como teórico, e nos mecanismos institucionais, redes e relações de propriedade que tornam isso possível, me leva à idéia do "planejamento cooperativo" entre empreendimentos autônomos. A informação sobre os intercâmbios no mercado seria insumo importante, mas não necessariamente determinante, em tal processo. Isso superaria a base da oposição convencional entre o planejamento e o mercado: isto é, a oposição entre coordenação *ex ante* (alcançada através do plano, que se demonstrou impossível) e coordenação *ex post* (alcançada através do mercado, mas com o problema do desperdício). O planejamento cooperativo seria um processo: não seria nem simplesmente *ex ante* nem simplesmente *ex post*. Seria *ex ante* no sentido de que o compartilhamento do conhecimento das tendências do mercado (conforme exemplificado pelas cooperativas de Mondragón no país basco, na Espanha, ou pelo Centro Informazione Tessile dell'Emilia Romagna, na Itália) ou a colaboração em pesquisa de oportunidades de mercado (conforme exemplificada pelo trabalho do Twin Trading for Third World Producers) entre produtores do Terceiro Mundo na Grã-Bretanha, estariam objetivando combinar a oferta com a demanda. É mais provável que isso conseguisse equilíbrio igualitário e socialmente justo, o que empresas isoladas do mercado jamais alcançariam. Ainda seria necessária ação pública *ex post* para remediar qualquer má localização dos recursos. Os balcões e bancos de investimentos locais e regionais poderiam desempenhar a função de ajudar uma empresa doente a se reestruturar enquanto outras cooperativas autogerenciadas procuram empregos para os seus trabalhadores em outros lugares.

Enfatizou também o compartilhamento e a abertura do conhecimento econômico. A principal razão disso está em que essa idéia provê a base para a cooperação e coordenação econômicas, sem a hipótese irrealista da transparência total ou da participação popular permanente além das instituições da vida cotidiana.

O planejamento cooperativo não dependeria da condição de as empresas serem de propriedade do Estado. Seria importante, exceto no caso das muito pequenas, porém, que de alguma forma elas fossem de propriedade social, comunitária ou cooperativa. Mas isso, por si, não asseguraria que as decisões da empresa fossem tomadas tendo em vista a comunidade em geral. Diversos outros fatores seriam necessários: em primeiro lugar, a dependência das empresas da colaboração com outros em função do conhecimento, da tecnologia, do treinamento e know-how necessários à sua capacidade de compreender e satisfazer a demanda do mercado; e, em segundo lugar, a dependência parcial da empresa, ou possível dependência futura, de verbas públicas. A provisão dessas verbas dependeria de a empresa se comprometer com uma perspectiva politicamente acordada nos planos econômico, social e ecológico. Sob tais condições, o compartilhamento do conhecimento econômico tornar-se-ia um poderoso mecanismo de orientação econômica indicando às empresas onde suas energias produtivas poderiam ser alocadas de maneira eficiente e produtiva.

A importância da cooperação em uma economia formada de empresas administradas de forma cooperativa mais ou menos autônomas, para o compartilhamento, entre outras funções, do conhecimento prático e analítico, demonstra que essa cooperação mais ampla tem benefícios econômicos práticos. Isso é significativo porque aqueles que negam a possibilidade de formas de coordenação econômica não baseadas no mercado tendem a ver qualquer forma de coordenação cooperativa não baseada no mercado como idealismo inútil. O significado econômico do conhecimento econômico compartilhado, fortalecido pelo extraordinário sucesso econômico daquelas comunidades locais que o organizaram, dá margem à função econômica prática, não sentimental, de formas de coordenação democrática não orientadas para o mercado.

Ao mesmo tempo, a socialização do conhecimento econômico em bases colaborativas indica que, dadas relações sociais de propriedade, não necessariamente estatais, existe uma base econômica (vejo o conhecimento econômico compartilhado como uma forma de poder econômico) — em desafio àqueles que insistem em um equilíbrio *ex ante* formal — para colaboração entre cooperativas autônomas por um bem comum maior.[6]

Não se trata de um salto no escuro. Um aspecto disso (a identificação cooperativa das tendências de mercado) envolve a democratização de um processo extenso, comum a toda grande corporação capitalista. Outro aspecto (a idéia de um processo publicamente regulamentado de formação de preços) envolve a democratização de um processo de tomada de decisões corporativa já altamente institucional. Já existe bastante pressão popular, diversificada mas por vezes poderosa, em defesa de tal socialização do conhecimento econômico. Grande parte dela torna-se cada vez mais sofisticada em seus processos, utilizando correio eletrônico de uma maneira muito democrática, constantemente treinando novos usuários, tornando a comunicação a mais direta possível, de tal modo que não se torne base de uma nova "elite das comunicações".

Tais processos populares são bloqueados por grandes desigualdades de riqueza e poder econômico. Um processo de socialização do conhecimento econômico poderia ser a base para formas de coordenação econômica não orientadas para o mercado, sob condições de igualdade econômica, tais como aquelas que existem entre as empresas em Mondragón. Essa igualdade vem acompanhada da mútua dependência em serviços conveniados, nas fontes locais de finanças, no treinamento e em outras formas de cooperação, todas reforçando o papel de conhecimento econômico compartilhado como forma de coordenação não coercitiva. Como as redes econômicas descritas no Capítulo 5, elas desejam compartilhar o conhecimento sem se verem presas ao poder e egoísmo das corporações capitalistas.

As estratégias precisas pelas quais as atuais concentrações de poder econômico, que dependem do segredo, podem ser rompidas estão além do escopo deste livro. O que eu espero ter estabelecido é que uma distribuição igualitária de riqueza e a propriedade comum dos meios de produção, distribuição e troca é possível com base nas instituições democráticas econômicas e políticas. Fundamental para isso é o desenvolvimento de associações públicas democráticas no local de trabalho e na comunidade que reconheçam as dimensões práticas e teóricas do conhecimento e que se organizem para compartilhá-lo.

Novas formas de governabilidade

Como pode o processo de socialização do conhecimento do mercado — que as experiências de Mondragón na Espanha e Regio Emilia na Itália demonstram ser prático — se desenvolver naquelas regiões que já são industrializadas e a que faltam quaisquer tradições cooperativas nativas bem-sucedidas entre os empresários locais? Se meu argumento (de que os movimentos democráticos radicais às vezes prefiguram a transformação possível das formas de conhecimento subjacentes à economia e à política) tem qualquer validade, então deveria haver experiências que dessem um vislumbre de resposta a essa questão. A implicação do meu argumento é de que o caráter cooperativo integrado da economia em regiões como Mondragón e Regio Emilia são avanços, estão à frente de seu tempo. As redes econômicas mencionadas no Capítulo 5 são os primeiros passos rumo a essas experiências. O caso mais interessante de como os princípios da cooperação autoconsciente poderiam se difundir foram os esforços, assumidamente incompletos, do governo trabalhista no Greater London Council de 1982 a 1986. Como observou uma vez Henry Ford, "as lições mais ricas vêm dos fracassos". Os esforços incompletos do GLC de trabalhar com ambos, empresários e sindicalistas, para criar formas de cooperação não orientadas para o mercado através, por exemplo, da indústria de móveis, resulta em diversas lições.

A primeira lição é de que o forte apoio de uma autoridade política eleita com um compromisso com a economia cooperativa e com o poder de investir e participar da propriedade das empresas de produção, é vital para estabelecer uma oposição à dinâmica selvagem do mercado competitivo. A lição número dois é que essa intervenção política é necessária mas não suficiente: a autoridade política eleita necessita fazer uma aliança com os participantes da indústria e, se apropriado, as comunidades circunvizinhas, que têm um interesse material no setor industrial que desenvolve um caráter cooperativo. Além disso, essa aliança precisa ser de um tipo em que o governo — num nível tão descentralizado quanto seja adequado — ajude os grupos sociais a se articularem e representarem seus interesses. Assim, por exemplo, à medida que se tornou claro que os empregadores da indústria de móveis de Londres não estavam interessados em modificar seu comportamento acirradamente competitivo, mas só queriam fazer com que os salários baixassem, o GLC passou a trabalhar estreitamente próximo aos sindicatos. Provendo auxílio financeiro, o GLC ajudou os sindicatos a desenvolver estratégias por todo o setor. O auxílio financeiro permitiu que os líderes do chão-de-fábrica usassem seu horário de trabalho para estabelecer contatos com outros trabalhadores e forneceu ajuda para pesquisas e acesso às informações sobre os avanços técnicos na indústria. A meta a longo prazo era desenvolver um forte movimento de pressão sobre a administração, os sindicatos pressionando de baixo em defesa da maior cooperação e o GLC usando seu poder financeiro de cima. Se essa meta tivesse sido bem-sucedida, o resultado teria acarretado a criação de pesquisa de mercado, projeto e serviços de tecnologia organizados em base comum, bem como os serviços mais convencionais financeiro e de exportação, o que por sua vez teria acarretado mudanças generalizadas na visão gerencial do setor.

Na história recente, houve muitos vislumbres de relações diferentes que, parafraseando Tom Paine, radical do século XVIII, com uma medida considerável de capacidade popular, poderiam ser postas em movimento através de uma operação "tranqüila e regular". No exemplo da Escola de Mulheres de Gotemburgo (Capítulo 5), um serviço público é gerenciado de tal forma que usa e desenvolve na sua plenitude as habilidades e visões de todos os envolvidos na sua utilização. Então, existe a possibilidade, como mostrou a legislação sobre saúde e segurança do governo trabalhista de 1975, na Grã-Bretanha, de ação governamental que imponha considerações sociais à gerência, delegando aos representantes dos trabalhadores um conhecimento privilegiado para agir como guias dos poderes legais do Estado. Existe a possibilidade ainda, demonstrada numa escala pequena mas significativa, pelo desenvolvimento de Coin Street em Waterloo, Londres, de o governo socializar um recurso material (no caso, terra da área da cidade) e em seguida dar apoio à autogestão por intermédio de organizações democráticas que representem o povo que vive e trabalha naquela terra. Finalmente, existe a possibilidade, que acabamos de discutir, de o governo apoiar em todos os níveis aquelas organizações que estão comprometidas com o estabelecimento de formas de cooperação que ultrapassem as divisões criadas por formas antagônicas de competição.

Todas essas possíveis relações entre autoridades políticas eleitas, em diferentes níveis, pressupõem uma séria limitação no conhecimento do governo e sua capacidade de resolver problemas que foi eleito para resolver. Por outro lado, ao contrário do que argumentam os neoliberais, essas relações pressupõem que os problemas podem ser consciente e legitimamente tratados por uma combinação de mãos visíveis, democráticas, constantemente melhorando sua eficácia através da tentativa e erro. Esses vislumbres de novas relações políticas e econômicas possíveis foram alcançados *ad hoc*, a partir da experiência do fracasso de ambos, Estado e mercado, na questão da satisfação das necessidades sociais. Implicitamente, essas relações se baseiam em uma abordagem à ciência que combina muitas fontes e espécies diferentes de conhecimento para descobrir soluções sociais. Nas palavras de E.P. Thompson, em palestra sobre o impulso no sentido da *égalité* cultural assim como política, políticos e autoridades do Estado de todo tipo enfrentam o "desgaste dos diferentes mundos de experiência".[7]

Vale a pena pesquisar mais as condições para fazer dessa abrasão uma característica contínua da mentalidade do governo. Primeiramente, em todas as relações políticas novas cuja possibilidade vislumbramos, houve um compartilhamento de poder entre uma ou várias autoridades políticas eleitas e uma organização cívica de base popular ou uma aliança de organizações desse tipo. Isso, eu afirmaria, é uma condição necessária para se combinar fontes diferentes de conhecimento ou mundos diferentes de experiência em um processo comum de transformação social.

Obter conhecimento sobre um problema envolve mais que coletar informações. Há uma infinidade de exemplos de autoridades governamentais que mantêm relações próximas com organizações voluntárias simplesmente com o fim de coletar informações. Mas se as organizações populares são vistas apenas como fonte de informação, permanece em vigor o antigo modelo da engenharia social, só que com especialistas um pouco mais extrovertidos na captura dos dados. Se o processo de obter conhecimento envolve uma aliança genuína, a autoridade política tem de abrir mão de parte de seu poder. Essa igualdade cultural ainda está distante.

O outro perigo é um corporativismo em que a autoridade política incorpora ou solapa a independência da organização que representa os interesses ou combina os conhecimentos de um grupo em particular. Para uma organização popular ser capaz de contribuir com conhecimento de uma experiência relevante é condição a manutenção de suas raízes e o envolvimento diário com essa experiência (sua transparência em relação às bases). Condição, então, para a sua eficácia enquanto aliada de uma autoridade política é sua autonomia em relação a qualquer parte específica dessa autoridade.

Autonomia é a base de um relacionamento, não sinônimo de separação. Está claro, a partir de qualquer comparação precipitada de organizações cívicas e Estado, em diferentes países, que autoridades políticas e partidos políticos, em parte, moldam o ambiente dessas organizações e, por isso, têm uma influência significativa sobre sua força e caráter. Muitas dessas organizações cada vez mais desenvolvem formas de financiamento que reduzem sua dependência de qualquer ramificação do Estado: através de fundações simpatizantes (trustes), atividades gerais de levantamento de fundos e apoio de uma variedade de níveis de órgãos estatais.

Um partido político comprometido com o tipo de transformações que mostrei, com todo o legado dos regimes neoliberal e da engenharia social, teria que considerar formas de fazer avançar a força das organizações populares sem minar sua autonomia. O outro lado disso é que uma autoridade política eleita tivesse critérios abertos que governassem seu relacionamento com órgãos não-governamentais e determinassem sua democracia, transparência e coerência com os princípios básicos da autoridade eleita.

Não há vontade popular sem conhecimento popular

Esses tipos de relacionamentos não poderiam ser simplesmente agregados às estruturas de governo representativo como existem hoje. Seja dominado pela social-democracia ou pela mais recente expressão da direita neoliberal, o *status quo* repousa na hipótese de que a vontade popular pode ser executada sem conhecimento popular. Ondas sucessivas de reforma democratizaram o processo pelo qual o governo determina sua vontade, mas a mentalidade do próprio governo permaneceu substancialmente a mesma.

As conseqüências de um governo cujos conselheiros especialistas eram vistos como detentores do monopólio da habilidade técnica e acesso único ao conhecimento relevante são visíveis nos legados social-democratas do *boom* do pós-guerra: campi universitários em frias áreas de estacionamento, projetados com pouco conhecimento prático da vida estudantil; instituições médicas desenvolvidas com pouca consideração quanto às preocupações particulares das mulheres; sistemas de transporte construídos como se as crianças não existissem; legislação trabalhista que não era cumprida, além de ter sido aprovada independentemente de consulta aos trabalhadores. A lista é infinita. O apelo do republicano radical Tom Paine não foi atendido, como ele esperava, ao se alcançar uma democracia representativa. É útil apreciarmos outra vez a sabedoria de suas palavras: "Parece ser um consenso geral que as revoluções criam gênios e talentos, mas elas não fazem mais do que trazê-los à tona. Existe no homem uma massa de sentidos adormecida e que, a não ser que alguma coisa a desperte para a ação, descerá com ele, neste Estado de dormência, para o túmulo. Como é vantajoso para a sociedade que suas faculdades sejam empregadas em sua totalidade, a construção do governo deveria ser tal que trouxesse à tona, através de uma operação tranqüila e regular, toda essa medida de capacidade que nunca deixa de aparecer na revolução."[8]

Tom Paine argumentava em favor da democracia representativa e contra a monarquia. Mas seu apelo hoje se mantém como crítica às formas existentes de governo parlamentarista. O governo representativo não pode colocar em cena toda a plenitude da capacidade humana. Se o processo de "fazer", como o de "decidir", é democratizado, de tal modo que o conhecimento popular é compartilhado, e se novos partidos políticos se abrem para determinar a vontade popular, então surgem novas questões de organização. Em particular, a questão de como o conhecimento prático de vários tipos, incluindo o conhecimento tácito ("as coisas que sabemos mas não podemos dizer" de Hayek), pode alimentar o processo democrático.

Em outras palavras, a organização genuinamente democrática tem que ter condições não apenas de representação popular — o que Raymond Williams chamou de "se fazer presente".[9] Tem também que ter condições para a mais profunda expressão popular e para uma atenção mútua ao que está expresso, ou seja, condições para "tornar conhecidos" experiências, problemas e capacidades adormecidos na maioria da população.

Democracia representativa e participativa

A flexível minoria da esquerda, que continuou desejando alcançar condições de igualdade cultural bem como igualdade política, deu muita atenção às implicações dessa meta em relação à educação e à mídia. Cada vez mais, muitos socialistas e feministas pensam em suas implicações para a organização do trabalho.[10] Mas muito pouca atenção se dispensou a suas implicações no que toca ao governo. Como resultado disso, quando partidos da nova esquerda, ou grupos da nova esquerda dentro de partidos estabelecidos, chegam ao governo, geralmente em nível local, estão desastrosamente despreparados para produzir mudanças na administração em si.

O que mais se aproximou de uma preocupação desse tipo foi uma idealização das fases de despertar político a que Paine se refere, quando a atividade extraparlamentar se torna visível: o transbordamento de criatividade durante a revolta dos estudantes nos anos 60; os talentos recém-revelados de grupos de trabalhadores oprimidos (por exemplo, as comunidades mineiras na greve de 1984-85); a imaginação expansiva e a engenhosidade dos movimentos pela paz dos anos 80. Esses movimentos dão à nova esquerda uma fonte renovada de inspiração e evidência das capacidades extraordinárias das "pessoas comuns" de se autogovernarem.

No início das atividades da esquerda extraparlamentar, logo após 1968, houve uma tendência a se imaginar que as formas diretas de democracia que tinham sido criadas poderiam ser generalizadas à sociedade como um todo. A nova esquerda da Europa ocidental queria um modelo único de "democracia participativa" para substituir a "democracia representativa". Uma vez que era necessário desafiar as noções profundamente antipopulares de democracia que prevaleceram na Guerra Fria, a questão de usar instituições democráticas já existentes foi ultrapassada. Poucas pessoas nos anos 70 davam alguma atenção às possíveis relações positivas do governo com os processos democráticos na sociedade. Houve poucas tentativas, até recentemente, de se considerar formas institucionais viáveis de democracia participativa ou de se estudar que estruturas de governo representativo criam as melhores condições para tal participação.[11]

O problema da democracia participativa enquanto sistema de governo é que para manter o caráter democrático que ela possui em situações de mobilização popular, as pessoas têm que manter, nos períodos normais, o espírito participativo que demonstraram nas circunstâncias de crise. Em momentos de crise, por diversas vezes o povo trabalhador organizou a vida material imediata — distribuição de alimentos, organização do trabalho, transporte e lazer — através de formas diretas de democracia. Tal atividade, porém, nunca se sustentou no tempo o bastante para oferecer um modelo democrático completo para o governo da sociedade.

Embora haja bastantes evidências de que a participação direta possa funcionar na administração cotidiana de uma instituição de porte médio, não se segue daí que uma estrutura de pirâmide — na qual delegados, enviados por suas diferentes bancadas, sobem a níveis nacionais e até internacionais — é o meio mais direto e democrático de o povo influenciar o contexto legislativo de sua vida. Não se pode sustentar o mesmo nível de participação quando os processos de tomada de decisões estão tão distantes da vida cotidiana.[12]

Alguns analistas se utilizam desse raciocínio para descartar toda idéia de autogoverno popular. Mas talvez os comunistas e socialistas que privilegiam conselhos e ligas, e outros que rejeitam formas representativas de democracia, se tenham deixado encurralar ao transformarem uma forma institucional em particular em princípio para toda a sociedade. Não precisamos de uma estrutura integrada que pressuponha níveis não realistas de mobilização e atividade popular. Em vez disso, precisamos considerar uma combinação de estruturas em que as instituições da vida cotidiana sejam organizadas de maneira participativa, os meios de coordenação econômica e política o mais estreita e transparentemente associados a essas instituições quanto possível e em que a estrutura legal seja decidida por um organismo o mais representativo possível.

Reconstrução do governo

Não é mais acadêmico ou puramente especulativo considerar essas questões de maneira prática. Na Europa, pelo menos, as formas tradicionais de tomada de decisões são moeda corrente. Nessas circunstâncias, são muito oportunas as idéias de democracia que não se fixam unicamente nos parlamentos nacionais. Até hoje, aqueles que, seja por razões ideológicas ou pragmáticas, privilegiam o mercado não-regulamentado e um mínimo de democracia política são os responsáveis por boa parte da administração. Os recentes movimentos de esquerda têm experiência de rastrear centros de poder não transparentes que têm Estado fora do controle eficaz do governo eleito. No processo, foram montadas redes e organizações esporádicas que apontam para o papel que diferentes níveis de governo representativo poderiam representar no exercício do controle democrático sobre esses centros de poder. Organizações não oficiais também ilustram o tipo de aliados civis de que os organismos políticos eleitos vão precisar, e que vão precisar impulsionar, para conseguir esse controle.

Isso contribui para o debate a respeito dos níveis de soberania apropriados a diferentes propósitos. Volto a afirmar a importância para o governo democrático e eficaz de se utilizar o conhecimento que inclui as habilidades de toda a sociedade. Para se ter um quadro de todas as implicações disso seria preciso um outro trabalho além deste. Duas, porém, foram comentadas nos capítulos precedentes. A primeira é uma implicação de princípio político: envolveria níveis eleitos de governo em um novo relacionamento com o povo — um relacionamento que respeitaria não só seus direitos políticos mas também sua competência para participar do governo ou, em outras palavras, se autogovernar. Deve-se também acrescentar uma nova consideração ao processo de construir ou transformar o governo: que o governo deve ser projetado de tal modo que permita aos cidadãos engajar suas habilidades plenamente no governo da sociedade de acordo com princípios democráticos. A segunda implicação é que tal engajamento não pode ser adequadamente alcançado nem através do mercado nem do Estado. A prática dos novos movimentos sociais ilustra a necessidade de se compreender um nível de relações interpessoais e institucionais de significado econômico que nem faz parte do mercado nem do Estado: uma esfera de atividade pública que age tanto para democratizar o Estado como para socializar o mercado. À medida que os movimentos sociais se organizam para exercer algum controle sobre o mercado, eles criam formas de organização que possuem uma dinâmica social independente do mercado e que não pretende se transformar no Estado.

Em todo o mundo, as pessoas estão tratando desses temas na prática, seja na Europa oriental, na América Central ou Latina. Aqui, neste livro, tento examinar se minha idéia de socialismo poderia responder ao apelo que a direita neoliberal parece ter sobre os cidadãos dos antigos Estados comunistas na Europa oriental. É uma tentativa de análise da palavra "socialismo" que, com certeza, tem diferentes conotações para orientais e ocidentais.

Muitos socialistas ocidentais pressupõem que o fracasso de modelos passados de sociedade socialista se tira da agenda política do futuro previsível a possibilidade do socialismo. Minha abordagem é diferente. Não nego o impacto do fracasso do socialismo do bloco oriental, mas questiono se a experiência do passado é o fator decisivo. Se, como venho argumentando, a força motriz da transformação social é a organização do povo sem riqueza privada para alcançar igualdade, democracia, liberdade e justiça social, então as perspectivas futuras do socialismo dependem mais fundamentalmente do caráter e da dinâmica das lutas do povo para se libertar da opressão e exploração.

Tal resistência é influenciada pela observação e experiência de projetos que tiveram início como lutas contra a injustiça, mas terminaram produzindo novas formas de subordinação. A luta pelo socialismo é, no entanto, um processo histórico de tentativa e erro — e muito depende de com que rapidez as lições são aprendidas e de quanto é urgente o ímpeto de tentar de novo. William Morris, socialista britânico do século XIX, descreveu esse processo em *The Dream of John Ball.* Embora John Ball sinta que seu trabalho não terá sido em vão se outros continuam a lutar por justiça social, ela ainda tem dúvidas. Será que vão continuar lutando? Ao que Morris responde: "Sim, e o remédio deles será o mesmo que o teu, embora os tempos sejam outros. Pois se o povo é subjugado, qual é o remédio senão libertá-lo? E se tentaram muitos caminhos rumo à liberdade, e constataram que não levaram a lugar algum, então, tentarão outro."

A confiança com que as pessoas tentam outros caminhos para a liberdade vai depender do ponto em que visualizam os objetivos finais — e começam a identificar rotas alternativas antes de chegarem ao impasse final. Também vai depender de quanto o mapeamento e teste de alternativas foi alimentado por esforços inovadores e um processo cumulativo de aprendizado. Este livro explorou apenas algumas das muitas maneiras com que uma nova esquerda, influenciada por movimentos sociais, *realmente* previu, de várias maneiras, que os caminhos existentes "não levavam a lugar algum" e *realmente* começou a mapear alternativas.

Este livro também examina um dos motivos por que essa esquerda não tinha questionado de maneira suficientemente profunda por que esses caminhos davam em becos sem saída; e por que essa esquerda não teve uma medida plena do desafio que enfrentava ao mapear uma alternativa. Essa é a importância, acredito, da questão que coloco quando baseio os mapas de nossos próximos caminhos para a liberdade em uma política distinta do conhecimento: rejeitando tanto, a visão de conhecimento subjacente ao socialismo de Estado, quanto aquela que fornece uma justificativa fatalista das dificuldades produzidas pelo capitalismo de mercado.

Quanto ao fato de o processo de mapeamento ter sido ou não estimulado pela resistência contínua de caráter inovador, com certeza, os últimos 25 anos na Europa ocidental provam ter sido anos de revoltas periódicas. Uma das características inerentes a esses anos foi a incerteza de instituições governantes e sua necessidade de se reestruturar diante da recessão e da mudança tecnológica. Os movimentos insurgentes desses anos, porém, foram mal servidos por partidos tradicionais, organizações e instituições estatais de esquerda. A inovação, conseqüentemente, nasceu da necessidade.

Este livro ilustrou os tipos de inovação produzidos por movimentos que se organizaram em defesa da justiça social em uma época que tentou e considerou insuficientes os instrumentos do Estado benevolente. Na Europa ocidental, o resultado acumulado foi o crescimento precário de novas formas de instituições e associações de um tipo cooperativo, democrático e igualitário. O processo de sua emergência foi colocado em cheque: organizações nos locais de trabalho, que tinham como objetivo a solidariedade e a concepção de estratégias, enfrentaram recuos e derrotas enquanto a administração reestruturava as empresas com a ajuda dos governos conservadores; tentativas de gestão democrática dos serviços públicos foram frustradas por cortes nos gastos públicos. No entanto, a experiência imediata e a lembrança dessas alternativas agora estão espalhadas — à medida que novas oportunidades surgirem, essas lembranças serão indicações de novos caminhos, novas experiências.

Se o resultado irá sempre e em qualquer lugar chamar-se "socialismo" é uma questão em aberto. Mas, novos conceitos, além da palavra "democracia", fazem-se necessários para descrever a dimensão cooperativa, social da resposta e para englobar o fato de que tal cooperação depende da transparência da vida social e da eliminação das desigualdades de riqueza e poder.

Com certeza, por todo o mundo, o interesse pragmático e experimental por formas alternativas de organização econômica, especialmente em nível regional, está crescendo, geralmente guiado pela necessidade, não por um otimismo confiante. O capitalismo pode ter "ganho" a Guerra Fria, no sentido de que a União Soviética não existe mais, mas está em crise em toda parte. Não sobreviveu incólume à Guerra Fria. As estruturas industriais do capitalismo estão distorcidas depois de 40 anos de produção militar excessiva. A economia do livre mercado produziu níveis intoleráveis de desemprego e desperdício de capacidade humana em todas as esferas; no entanto, é provável que um retorno ao keynesianismo apenas desse início, mais uma vez, ao ciclo de estagflação que abriu caminho para o *laissez-faire* econômico. Além disso, as instabilidades internacionais aumentam como conseqüência da brutalidade do setor financeiro internacional para com devedores do Terceiro Mundo, reverberando através de um mundo já instável. Nessas circunstâncias, não se pode dizer que seja utopia explorar novos caminhos para a liberdade — usando esses mapas, que ainda precisam ser completados.

NOTAS

1. Ver Fred Halliday, "The Ends of the Cold War", *New Left Review*, 180 (março/abril 1990) e o debate entre Halliday e E.P. Thompson na mesma publicação, 182 (julho/agosto 1990).

2. Ver Tair Tairov, "From New Thinking to a Civic Peace", em Mary Kaldor (org.), *Europe from Below* (Londres, 1991).

3. Para uma crítica da política de identidade, ver Mary Louise Adams, "There's No Place Like Home: The Place of Identity Politics in Feminism", *Feminist Review*, 31 (primavera de 1989).

4. Ver Pat Devine, *Democracy and Economic Planning* (Cambridge, 1988).

5. Ver Robin Murray, "Rethinking Social Ownership", *New Left Review*, 164 (julho/agosto 1987); David Purdy, *Social Power and the Labour Market* (Londres, 1988); Diane Elson, "Socialising the Market: Breaking the Circuit of Capital" em J. Schwartz, *Socialism and the Market* (Londres, 1993).

6. Ver Ernest Mandel, "In Defence of Socialist Planning", *New Left Review*, 159 (setembro/outubro 1986).

7. E.P. Thompson, *Education and Experience* (Leeds, 1968).

8. Thomas Paine, *The Rights of Man*, em *The Thomas Paine Reader* (Londres, 1987), p. 277.

9. Raymond Williams, *Towards 2000* (Londres).

10. Ver C. Marsh, *Hours of Work of Women and Men in Britain* (Equal Opportunities Comission, HMSO, 1991); C. Cockburn, *Machinery of Dominance* (Londres, 1985); U. Huws, J. Hursfield e R. Holtmaat, *What Price Flexibility? The Casualisation of Women's Employment* (Londres, 1989); P. Hewitt, *About Time* (Londres, 1993).

11. Ver J. Mathews, *Age of Democracy: The Political Economy of Post-Fordism* (Nova York, 1989); P. Hirst, *Representative Democracy and Its Limits* (Cambridge, 1990); D. Held (org.), *Prospects for Democracy* (Cambridge, 1993).

12. Ver Tim Wohlforth, "The Transition to the Transition", *New Left Review*, 130 (novembro/dezembro 1981); Ann Philips, *Engendering Democracy* (Cambridge, 1990).

Bibliografia e leituras adicionais

À medida que desenvolvia minha argumentação principal e a discutia com outras pessoas, me vi envolvida em um número cada vez maior de debates que geraram vasta literatura que eu não teria condições de tratar de maneira definitiva. Conseqüentemente, esta seleta bibliografia é uma lista das obras que tiveram uma influência especial no desenvolvimento e na fundamentação do meu argumento; inclui também sugestões de outras leituras a respeito de controvérsias que surgiram durante a preparação deste livro.

Albert, M. e Hahnel, R., *Looking Forward: Participatory Economics for the Twenty-First Century*, Boston, 1991.

Albo, G., Langille, D., Panitch, L., *A Different Kind of State?: Popular Power and Democratic Administration*, Toronto, 1993.

Alcock, P., Gamble, A., Gough, I., Lee, P. e Walker, A. (orgs.), *The Social Economy and the Democratic State: A New Policy Agenda*, 1989.

Ali, T., *1968 and After*, Londres, 1978.

Allen, B., *Germany East: Dissent and Opposition*, Montreal, 1991.

Anderson, P., *Considerations of Western Marxism*, Londres, 1976.

————, *Arguments in English Marxism*, Londres, 1980.

Arato, A., "Civil Society Against the State: Poland 1980-81", *Telos*, 47, pp. 23-47.

Arblaster, A., *Democracy*, Milton Keynes, 1987.

Arendt, H., *On Revolution*, Londres, 1973.

Aronowitz, S., *Science as Power: Discourse and Ideology in Modern Society*, Basingstoke, 1989.

Austin, J., *Philosophical Papers*, Oxford, 1962.

Bahro, R., *The Alternative in Eastern Europe*, Londres, 1978.

Barnett, A., *Soviet Freedom*, Londres, 1988.

Barratt Brown, M., *European Union: Fortress or Democracy?*, Nottingham, 1991.

Batt, J., *East Central Europe from Reform to Transition*, Londres, 1991.

Baudrillard, J., *In the Shadow of Silent Majorities... or the End of the Social*, Nova York, 1983.

Beetham, D., *The Legitimation of Power*, 1991.

Benton, T., "Marx and Natural Limits", *New Left Review*, 178 (1989).

Berger, J., *Rendezvous* (especialmente o capítulo 5), Londres, 1992.

Berger, S., *Organising Interests in Western Europe: Pluralism, Corporatism and the Transformation of Politics*, Cambridge, 1981.

Best, M., *The New Competition Institutions of Industrial Restructuring*, Cambridge, 1990.

Bhaskar, R., *A Realist Theory of Science*, 2a. edição, Brighton, 1978.

________, R., *Reclaiming Reality*, Londres, 1989.
________, R. (org.), *A Meeting of Minds*, Londres, 1991.
________, R., *Dialectic*, Londres, 1993.
Blackburn, R., *After the Fall: The Failure of Communism*, Londres, 1991.
Bobbio, N., *The Future of Democracy*, Cambridge, 1987.
________, N., *Which Socialism?*, 1987.
Boddy, M. e Fudge, C., *Local Socialism? Labour Councils and the New Left Alternatives*, Londres, 1984.
Boggs, C. e Plotke, D., *The Politics of Euro-Communism*, Londres, 1980.
Bottomore, T. (org.), *Dicionário do pensamento marxista*, Rio de Janeiro, Jorge Zahar, 1988.
Bottomore T. e Outhwaite, W. (orgs.), *Dicionário do pensamento social do séc. XX*, Rio de Janeiro, Jorge Zahar, 1996.
Bowles, S. e Gintis, H., *Democracy and Capitalism*, 1986.
Brittain, S., *The Permissive Society*, Londres, 1973.
Brusco, S., "The Emilian Model: Productive Decentralisation and Social Integration", *Cambridge Journal of Economics*, 6 (1982).
Burawoy M. et al., *Ethnography Unbound Power and Resistance in the Modern Metropolis*, 1991.
Burchell, G., Gordon, C. e Miller, P., *The Foucault Effect: Studies in Governability*, Hemel Hempstead, 1991.
Callinicos, A., *Against Post-Modernism*, Oxford, 1988.
Canovan, M., *The Political Thought of Hannah Arendt*, Londres, 1974.
Caute, D., *The Year of the Barricades: '68*, Londres, 1988.
Cawson, A., *Corporatism and Political Theory*, Oxford, 1986.
Claudin-Urondo, C., *Lenin and the Cultural Revolution*, Sussex, 1977.
Clode, D., *Towards the Sensitive Bureaucracy: Consumers, Welfare and the New Pluralism*, 1987.
Cockburn, A. e Blackburn, R. (orgs.), *Student Power*, Londres, 1969.
Cohn-Bendit, D. e G., *Obsolete Communism: the Left-Wing Alternative*, Londres, 1968.
Collier, A., *Critical Realism: An Introduction to Roy Bhaskar's Philosophy*, Londres, 1994.
Cooley, M., *Architect or Bee: The Human Price of Technology*, 1987.
Corrigan, P. e Sayer, D., *The Great Arch: English State Formation as Cultural Revolution*, 1985.
Costello, N., Michie, J. e Milne, S., *Beyond the Cassino Economy*, Londres, 1989.
Dale, J. e Foster, P., *Feminists and State Welfare*, 1986.
Devine, P., *Democracy and Economic Planning*, 1988.
Donnison, D., *A Radical Agenda After the New Right and the Old Left*, Londres, 1991.
Doyal, L. e Gough, I., *A Theory of Human Need*, Londres, 1991.
Doyal, L., *The Political Economy of Health*, 1979.
Eatwell, J., *The New Palgarve Dictionary of Economics*, vol. 13, Londres, 1987.
Einhorn, B., *Cinderella Goes to Market*, Londres, 1993.
Ekins, P. e Max-Neef, M., *Real-Life Economics, Understanding Wealth Creation*, 1992.
Elshtain, J.B., "Feminist Discourse and its Discontents: Language, Power and Meaning", em N. Keohane, M. Z. Rosaldo, B. C. Gelp (orgs.), *Feminist Theory*, Chicago, 1981.

Elson, D., "Market Socialism or Socialising the Market", *New Left Review*, 172, pp. 3-44.
Enloe, C., *Bananas, Beaches & Bases*, Londres, 1989.
Enzenberger, H., *Raids and Reconstructions*, 1976.
Epstein, B., Kauffman, L. A., Plotke, D. e Winant, D., "Is That All There Is? Reappraising Social Movements", *Socialist Review*, janeiro-março 1990.
Esping-Anderson, G., *The Three Worlds of Welfare Capitalism*, 1990.
Eyerman, R. e Jamison, A., *Social Movements. A Cognitive Approach*, 1991.
Feyeraband, P., *Against Method*, Londres, 1975.
Feher, F., Heller, A., *Eastern Left-Western Left*, Cambridge, 1986.
Flacks, R., Harrington, M. e Harber, B., "Port Huron: Agenda for a Generation", *Socialist Review*, maio-agosto 1987.
Foucault, M., *Arqueologia do saber*, Rio de Janeiro, Forense, 4ª ed., 1995.
————, M., *Power/Knowledge*, Brighton, 1980.
Fraser, N., *Unruly Practices: Power, Discourse and Gender in Contemporary Social Theory*, Cambridge, 1989.
Fraser, R., *1968*, Londres, 1988.
Freire, P., *Pedagogia do oprimido*, Rio de Janeiro, Paz e Terra, 1985.
Gamble, A., *The Free Economy and the Strong State*, Londres, 1988.
Geras, N., *The Legacy of Rosa Luxemburg*, Londres, 1976.
Giddens, A., *The Constitution of Society*, Cambridge, 1982.
Glenny, M., *The Rebirth of History: Eastern Europe in the Age of Democracy*, 1990.
Gorbachev, M., *Perestroika*, São Paulo, Best-Seller, 1987.
Gorz, A., *Critique of Economic Reason*, Londres, 1989.
————, A., *Farewell to the Working Class: An Essay on Post-Industrial Socialism*, Londres, 1982.
————, A., *Strategy for Labour: A Radical Proposal*, Boston, 1964.
Gowan, P., "Western Economic Diplomacy and the New Eastern Europe", *New Left Review*, 182 (1990).
Gramsci, A., *Lettere dal carcere*, Roma, Riuniti, 1961.
Gray, J., *Limited Government: A Positive Agenda*, Londres, 1989.
————, *Hayek on Liberty*, Oxford, 1986.
Habermas, J., *Conhecimento e interesse*, Rio de Janeiro, Zahar, 1984.
————, *Toward a Rational Society: Student Protest, Science and Politics*, Londres, 1977.
————, *Autonomy and Solidarity: Interviews with Jürgen Habermas*, Londres, 1986.
————, "What Does Socialism Mean Today? The Rectifying Revolution and the Need for New Thinking on the Left", *New Left Review*, 183.
Hall, S. e Jacques, M., *New Times: The Changing Face of Politics in the 1990s*, 1989.
Hanley, D., *Keeping Left: Ceres and the French Socialist Party*, Manchester, 1986.
Haraway, D. J., *Simians, Cyborgs, and Women* (especialmente o capítulo 9), Londres, 1991.
Harré, R., *The Principles of Scientific Thinking*, Londres, 1970.
Harvey, B., *Networking in Europe: A Guide to European Voluntary Organisations*, Londres, 1992.
Harvey, D., *The Condition of Post-Modernity*, Oxford, 1989.
Havel, V., *Disturbing the Peace*, Nova York, 1991.
Hayek, F.A., *The Road to Serfdom*, Chicago, 1944.
————, *Individualism and Economic Order*, Londres, 1949.

———, *The Constitution* of Liberty, Londres, 1960
———, *The Fatal Conceit: The Errors of Socialism*, Londres, 1986.
Healey, D., *The Time of My Life*, Londres, 1989.
Held, D., e Politic, C. *New Forms of Democracy*, Londres, 1986.
Held, D., *Models of Democracy*, Oxford, 1987.
——— (org), *Prospects for Democracy: North, South, East, West*, Cambridge, 1993.
Hodgson, G., *Economics and Institutions*, Cambridge, 1988.
Holland, S., *The Market Economy, From Micro to Mesoeconomics*, Londres, 1987.
Hollis, M, e Lukes S. (orgs.) *Rationality and Relativism*, 1982.
Horvat, B., Markovic, M. e Supek, R., *Self-Governing Socialism: A Reader*, 1975.
Institute for Public Policy Research, *A More Perfect Union*, 1992.
Kagarlitsky, B., *Farewell Perestroika: A Soviet Chronicle*, Londres, 1990.
Kaldor, M., *The Baroque Arsenal*, Londres, 1981.
——— (org.), *The New Détente: Rethinking East-West Relations*, Londres, 1989.
———, *The Imaginary War: Understanding the East-West Conflict*, Oxford, 1990.
——— (org.), *Europe from Below: An East-West Dialogue*, Londres, 1991.
Keane, J., *Civil Society and the State: New European Perspectives*, 1988.
Kelly, J., *Trade Unions and Socialist Politics*, Londres, 1988.
Kelly, P., *Fighting for Hope*, Londres, 1984.
Kemp, P., Antunes C., Juquin, P., Otto Wolf, F., Stengers, I. e Telkamper, W., *Europe's Green Alternative Manifesto for a New World*, Londres, 1992.
Konrad, G., *Antipolitics*, Londres, 1984.
Kornai, J., *The Road to a Free Economy*, Londres, 1990.
Korsch, K., *Marxism and Philosophy*, 1970.
Laclau, E. e Mouffe, C., *Hegemony and Socialist Strategy: Towards a Radical Democratic Politics*, Londres, 1985.
Liebman, M., *Leninism Under Lenin*, Londres, 1975.
Lipietz, A., *Towards a New Economic Order: Postfordism, Ecology and Democracy*, Cambridge, 1992.
Lovibond, S., "Feminism and Postmodernism", *New Left Review*, 178.
Loviduski, J. e Woodall, J., *Politics and Society in Eastern Europe*, Londres, 1987.
McLellan, D. e Sayers, S. (orgs.), *Socialism and Democracy*, Londres, 1991.
Macpherson, C.B., *The Real World of Democracy*, Oxford, 1973.
Macshane, D., Solidarity, *Poland's Independent Trade Union*, Nottingham, 1981.
Magas, B., *The Destruction of Yugoslavia: Tracking the Break-up 1980-1992*, Londres, 1993.
Manicas, P., *A History and Philosophy of the Social Sciences*, Oxford, 1987.
Marcuse, H., *A ideologia da sociedade industrial*, Rio de Janeiro, Zahar, 1982.
———, *An Essay on Liberation*, Londres, 1969.
Marquesee, M. e Heffernan, R., *Defeat from the Jaws of Victory*, Londres, 1992.
Martinez-Alier, Juan, *Ecological Economics*, Oxford, 1990.
Mellor, M., *Breaking the Boundaries: Towards a Feminist, Green Socialism*, Londres, 1991.
Melucci, A., *Nomads of the Present*, Londres, 1989.
Miliband, R., *Divided Societies*, Oxford, 1990.
Mole, V., e Elliott, E., *Enterprising Innovation: An Alternative Approach*, 1987.
Morrison, R., *We Build the Road as We Travel*, Filadélfia, 1991.
Norris, C., *What's Wrong With Post-Modernism: Critical Theory and the Ends of Philosophy*, Baltimore, 1990.

Nove, A., *The Economics of Feasible Socialism*, Londres, 1983.
Offe, C., *Contradictions of the Welfare State*, 1984.
Outhwaite, W., *New Philosophies of Social Science*, Londres, 1987.
————, *Habermas*, Cambridge, 1994, no prelo.
Oxford University Socialist Discussion Group, *Out of Apathy: Voices of the New Left 30 Years On*, Londres, 1989.
Palmer, J., *Europe Without America*, Oxford, 1986.
Panitch, L. e Miliband, R., "A New World Order?", *Socialist Register*, 1992.
Pateman, C., e Gross, E. (orgs.), *Feminist Challenges: Social and Political Theory*, Boston, 1987.
Pateman, C., *The Disorder of Women: Democracy, Feminism and Political Theory*, Cambridge, 1989.
Phillips, A., *Engendering Democracy*, Cambridge, 1991.
Piore, M., e Sabel, C., *The Second Industrial Divide*, Nova York, 1984.
Polan, A., *Lenin and the End of Politics*, Londres, 1984.
Polanyi, K., *The Great Transformation*, Londres, 1944.
————, "Our Obsolete Market Mentality", em *Primitive and Archaic Economics: Essays of Karl Polanyi*, Nova York, 1968.
Quattrocchi, A. e Naim, T., *The Beginning of the End: France, May 1968*, Londres, 1968.
Ray, L.J., *Rethinking Critical Theory*.
Rowbotham, S., *The Past is Before Us: Feminism in Action since the 1960s*, Londres, 1989.
————, *Women in Movement: Feminism and Social Action*, Nova York, 1992.
————, *Homeworkers World Wide*, Londres, 1993.
Rowbotham, S., Segal, L. e Wainwright, H., *Beyond the Fragments: Feminism and the Making of Socialism*, Londres, 1981.
Sassoon, D., *Contemporary Italy: Politics, Economy and Society since 1945*, Londres, 1986.
Sayer, A., *Method: A Realist Approach*, Londres, 1982.
Sayer, A. e Walker, R., *The New Social Economy: Reworking the Division of Labour*, Oxford, 1992.
Schorske, K., *Fin-de-Siècle Vienna: Politics and Culture*, Londres, 1961.
Scott, A., *New Industrial Spaces: Flexible Production Organisation and Regional Development in North America and Western Europe*, Londres, 1988.
Schumpeter, J., *Capitalism, Socialism and Democracy*, Nova York, 1950.
Segal, L., *Is the Future Female?*, Londres, 1986.
Shavelson, J., *A Third Way: A Sourcebook, Innovations in Community-Owned Enterprises*, Washington, 1990.
Sinanni, C., "Councils and Parliaments: The Problems of Dual Power and Democracy in Comparative Perspective", *Politics and Society*, 12, no. 1, 1983.
Sivandan, A., "All That Melts into Air: the Hokum of New Times", *Race and Class*, janeiro-março 1990.
Smith, A., *The Theory of Moral Sentiments*, Oxford, 1976.
Sohn-Rethel, A., *Intellectual and Manual Labour: A Critique of Epistemology*, Londres, 1978.
Soper, K., *Troubled Pleasures*, Londres, 1992.
————, *The Idea of Nature*, Oxford, 1994.

Statera, G., *Death of a Utopia: The Development and Decline of Student Movements in Europe*, Nova York, 1975.
Strawson, P., *Individuals*, Londres, 1966.
Szelenyi, I. e Szelenyi, S., "The Vacuum in Hungarian Politics", *New Left Review*, 187.
Taylor, F.W., *Principles of Scientific Management*, Nova York, 1911.
Teague, P. e Grahl, J., *Industrial Relations and European Integration*, Londres, 1992.
Thompson, E.P., *Education and Experience*, Leeds, 1968.
————, *The Poverty of Theory*, Londres, 1979.
Thompson, G. et al. (orgs.), *Markets, Hierarchies and Networks: The Co-ordination of Social Life*, Londres, 1989.
Thompson, M., *A Paper House: The Ending of Yugoslavia*, Londres, 1992.
Touraine, A., *Le Mouvement de mai ou le Communisme utopique*, Paris, 1968.
Wainwright, H., *Labour, A Tale of Two Parties*, Londres, 1987.
Wainwright, H., Burke, P. e Thompson, M., *Democracy and Movement Politics in the New Europe*, Londres, 1991.
Wall, D., *Getting There: Steps to a Green Society*, Londres, 1990.
Ward, A., Gregory, J. e Yuval-Davis, N., *Women and Citizenship in Europe: Border, Rights and Duties*, Stoke, 1993.
Wheaton, B. e Kavan, Z., *The Velvet Revolution: Czechoslovakia 1988-1991*, Oxford, 1992.
Watson, S. (org.), *Playing the State: Australian Feminist Interventions*, Londres, 1990.
Widgery, D., *The Left in Britain, 1956-68*, Harmondsworth, 1976.
————, *Beating Time*, Londres, 1986.
————, *Preserving Disorder*, 1989.
Williams, G., *Proletarian Order: Antonio Gramsci, Factory Councils and the Origins of Communism in Italy 1911-1921*.
Williams, R., *Keywords*, Londres, 1988.
————, *Resources of Hope*, Londres, 1989.
————, *What I Came to Say*, Londres, 1989.
Wittgenstein, L., *Philosophical Investigations*, Oxford, 1953.
Women Working Worldwide, *Common Interests: Women Organising in Global Electronics*, Londres, 1991.
Wootton, B., *Freedom Under Planning*, Londres, 1945.
Wright, N., *Assessing Radical Education*, Milton Keynes, 1989.

Este livro foi composto por Textos & Formas, em Times New Roman, e impresso pela Hamburg Gráfica Editora, em abril de 1998.